卓有成效

企业MBP实操手册
Manage By Project

的项目管理者

王 磊　马 赫 ◎ 著

中国铁道出版社有限公司
CHINA RAILWAY PUBLISHING HOUSE CO., LTD.

图书在版编目（CIP）数据

卓有成效的项目管理者：企业 MBP 实操手册 / 王磊，
马赫著 . — 北京 : 中国铁道出版社有限公司， 2021.10
ISBN 978-7-113-28135-9

Ⅰ.①卓…　Ⅱ.①王…②马…　Ⅲ.①企业管理－项
目管理　Ⅳ . ① F272

中国版本图书馆 CIP 数据核字（2021）第 131849 号

书　　名：卓有成效的项目管理者：企业 MBP 实操手册
　　　　　ZHUOYOU-CHENGXIAO DE XIANGMU GUANLIZHE: QIYE MBP SHICAO SHOUCE
作　　者：王　磊　马　赫

责任编辑：马慧君　　　编辑部电话：（010）51873005　　投稿邮箱：zzmhj1030@163.com
封面设计：夸克书院.
责任校对：安海燕
责任印制：赵星辰

出版发行：中国铁道出版社有限公司（100054，北京市西城区右安门西街 8 号）
网　　址：http://www.tdpress.com
印　　刷：三河市航远印刷有限公司
版　　次：2021 年 10 月第 1 版　2021 年 10 月第 1 次印刷
开　　本：710 mm×1 000 mm 1/16　印张：20.5　字数：290 千
书　　号：ISBN 978-7-113-28135-9
定　　价：69.00 元

序　言

从项目管理的角度来看，造一架飞机和造一支钢笔的方法是一样的，至少在管理层面上确实如此。

如果把造飞机和造钢笔都看成是在做项目，那使用同一种项目管理方法便可以顺利完成这两项工作。与之类似的项目还有很多，准备一场升学考试、建造一栋自住房屋、准备一顿节日晚餐、完成一次出国旅行，只要能确定这项工作的特定目的，我们就可以将其看成一个项目，而后便可以用项目管理的方法高效完成这一工作。

造飞机显然要比造钢笔复杂得多，但在项目管理模式下，这两项工作所需经历的执行过程确是颇为相似的。从项目立项到《项目计划书》的制定，再到项目执行监控，最后完成项目收尾，一套流程下来，项目工作便可以顺利完成。只不过造一架飞机的时间周期，会明显长于造一支钢笔的时间周期。

上面提到的项目管理模式是一种独特的企业管理方法，其诞生于第二次世界大战期间，是现代高级职业经理人必须要掌握的一项管理技能。

诞生至今，项目管理的理念及方式几经变革，许多世界顶级的管理大师都曾探索并总结过项目管理的实践方法。我国的项目管理理论研究和商业实践都还方兴未艾，从事项目管理工作的人数也有所不足。

相比于企业项目管理，中国企业对工程项目管理的认知度要更高一些。在近年来的基建项目中，工程项目管理在提升工程建设效率方面发挥了重要作用。企业项目管理在一些方法上与工程项目管理存在异曲同工之处，但在根本的管理理论和方法上确是完全不同的，这也使得企业项目管理可以跳出工程建设领域，在更广泛的企业管理领域发挥作用。

竞争越来越激烈，现代企业对管理方法的依赖也越来越强，企业规模越大，就越需要稳固的管理方法。一项具体的管理方法如果能够应用于企业的各个部门，而又不割裂各部门间的联系与协作，那这种方法就是企业所需要的方法。企业项目管理正是这样一种方法，其既可以规范企业的管理行为，又能提高员工的工作水平，是一种帮助企业与员工实现互利共赢的管理方法。

本书要介绍的正是这种方法，但我们所选用的并不是传统的、一成不变的项目管理模式，而是一种高效的项目管理理念和思维。有了这种理念与思维，企业便可以根据自身发展实际去建构属于自己的项目管理模式，进而实现企业价值。

如果哪位管理大师一上来就要为企业提供一套现成的项目管理方法，那企业管理者可要小心一些了，不要最后方法没学到，管理却搞得一塌糊涂。项目管理方法是可以应用到各类企业中的一种管理方法，这种说法并没有错，但这并不意味着企业可以无视自身实际情况，盲目套用项目管理方法。

同样是感冒，有的人是风寒型，有的人是风热型，有的人是暑热型，有的人是气虚型，外表上看都是发热流鼻涕，内里的病症却完全不同。这种时候如果统一用一种方法去治疗，不仅治不好病，还会让病症加重，这就是不找病因盲目用药的后果。

这也是本书注重讲项目管理的理念和思维，而不兜售特定方法的主要原因。没有哪种管理方法能够适用于所有企业，企业只有先了解了管理方法的内涵，理解了管理方法的思维，才能摸索出适合自身发展的管理方法来。

本书从项目管理模式的基础开始讲起，先是分析了"何为项目""何为项目管理"的问题；而后又用较大篇幅细致介绍了项目管理模式的全流程操作内容，包括项目关键路径图的设计、项目资源的分配等重要问题；后一部分主要介绍了项目管理模式的配套制度，以及一些具体的应用实操。

在论述理论的过程中，本书还提供了一些实用高效的项目工具模板，帮助企业管理者更好地构建企业项目管理的框架。应用实操部分则选取了不同规模企业的项目管理实践，从细节流程处加以分析，更为全面地展现了项目管理方法在不同企业中应用的差异。

这并不是一本"包教包会"的项目管理理论教材，也不是一本可以"拿来就用"的工具指南，它所展现的更多是一种项目管理的理念和思维，是一种柔性的管理方法，也是每位企业管理者都应该掌握的知识与技能。

希望每一位管理者都能在本书中"读有所得"，也希望每家企业都能在项目管理中"用有所获"。

目　录

第 3 部分　企业项目化管理流程：立项与运作

第 4 部分   项目价值厘清与项目技术原则

第 7 部分　项目管理的配套制度

第 8 部分　企业项目管理全流程实操

1

项目管理解决企业发展之"痛"

01

上司和下属的矛盾究竟在哪儿

内容提要：

1. 上司与下属的沟通是企业管理中的重要问题，很多本可避免的工作失误就是由沟通不畅所致。

2. 企业项目管理与工程项目管理的差异并不在项目的规模，而在项目管理的具体方法。

3. 企业项目管理是一种高效工作的方法，可以帮助员工改变"靠本能工作"的问题。

1.1　没说清，还是没办好

总监：这么做没问题，你就按我说的把项目开展起来吧！

经理（内心）：总监说了什么？这项工作是能开展了吗？

经理：就按照这种方法开展工作吧，总监就是这么说的。

员工（内心）：经理说的是什么意思？这种方法是哪种方法？

员工：明明是按照总监和经理的要求做的，为什么工作还总是出错呢？

◎　为什么交代给员工的事情，总得不到满意的结果？是因为员工"脑子笨""能力差"，还是因为自己没把事情交代清楚？

不可否认，不能有效理解管理者意图的员工是存在的，反过来说，没有完全表达清楚自己目标意图的管理者也不在少数，但这个问题可能还存在着第三种解释：

管理者把事情交代清楚了，员工也明白了这件事该怎么做，结果工作完成后，员工自认为完美交差，管理者却一脸迷惑——我是这么跟你说的？

管理者认为自己表达得很清楚，员工接收到的信息却没有那么清楚。出现这一问题的原因就在于管理者与员工之间缺少"通用的官方语言"，不是员工听不懂管理者的话，而是员工与管理者对这些内容的认知有所不同。

在宝洁工作的那几年，我经常会见到这样的情景：下属与上司之间的沟通都会以书面形式完结，无论在会议上讨论了多少内容，最终都要以落到纸面上的为准。

在面对一项工作时，下属和上司会进行细致讨论。在讨论后，双方会签订一份项目计划书，然后下属依据项目计划书中的内容去开展具体工作。检验下属工作完成情况的唯一标准便是项目计划书上的相应规定。

这就是我说的"通用的官方语言"，管理者不能想当然地用自己喜欢的方式跟下属沟通。你是个雷厉风行的人，说话做事讲究简洁明了，但你的下属却是个憨厚老实、做事认真，喜欢凡事都究个明白的人，这时候你用简洁的语言给他安排工作，他自然没办法领会你的全部意思。

想要让员工按自己的要求完成工作目标，就要将工作目标量化表述：让员工"买一些水果"，不如直接告诉员工"买一斤""买两斤"，或者其他具体数值。这种量化表述便是一种"通用的官方语言"。

企业项目管理就是一种量化的"通用官方语言"，用管理项目的方法来管理企业，通过给每个具体的工作设计项目计划书，可以有效提高工作的执行效率及完成度。这里所说的项目管理并非通常意义上的工程项目管理（PM），而是专门用来统一企业内部管理者行为的一种项目管理,即企业项目管理(MBP)。

采购一些水果!	采购一些水果——采购什么水果?采购苹果——采购多少苹果?采购 100 斤苹果——需要采购多少钱 1 斤的苹果?采购 10 元 1 公斤的!
采购 100 斤 10 元每公斤的苹果。	好的!
明天上午开会!	明天上午开会——明天上午几点开会?明天上午 9 点开会——明天上午 9 点在哪里开会?明天上午 9 点在小会议室里开会——明天上午 9 点开什么会?明天上午 9 点开项目启动会!
明天上午 9 点在小会议室开项目启动会。	明白!

☆ "通用的官方语言":你可以将其理解为一种固定的范式,只有双方都使用这种范式来对话时,彼此才能完全理解对方的意图。

企业项目管理是现代企业采用的一种通用工作方式,是进行科学化、标准化管理的基础,它作为一种高效的管理模式,已被跨国企业广泛采用。

这种项目管理模式可以让企业的管理更有效率,组织工作的协调性变得更好,管理者的水平也变得更高。导入了项目管理模式的企业会从一支行动并不统一的"游击军",真正转变为一支行动高效统一的"正规军",这一过程也正是企业管理者的职业化过程。

总结与思考

● 管理者在安排某项工作时,尽可能地将工作目标量化,比如,"3 天联系 15 家门店",这也是一种"通用的官方语言"。

● "3 天联系 15 家门店"这个目标足够量化吗?还能继续量化吗?

1.2　每个人都能掌握的工作方法

企业项目管理是一种能够帮助企业实现职业化和正规化的工作方法或工作模式，在详细了解企业项目化管理之前，我们有必要先弄清楚其与工程项目管理（PM）的本质区别。

工程项目管理是最早出现的一种项目管理模式，主要针对一些难度比较大，并且需要大量整合资源的事情，这些事情被统一称为"项目"，开展这些事情就是在管理"项目"。

建造一栋楼，建造一艘船，都可以看成是工程项目。在开展这些项目时，需要进行项目管理，具体来说，就是要研究清楚怎样控制生产成本、控制施工时间等问题，这是工程项目管理所聚焦的基本问题。

复杂的工作是项目，简单的工作就不能是项目吗？修一座桥是项目，设计一张海报就不是项目吗？顺着这一思路可以发现，所有工作其实都可以被量化为一个个具体的项目，而企业项目管理就是针对企业中的各项具体工作而产生的一种工作方法或工作模式。

·特定行业
·规模大
·资源多
·耗时长

企业项目管理降低了项目管理的难度，它不需要像工程项目管理那样，花费大量时间去构建模型、测算时间与成本，也不需要始终按照工程项目管理那

种高水平去运作每一个项目。

企业项目管理将项目管理中比较重要的一些行为方式和工作方法抽提出来，让更多人都能更容易接受、更容易学会，这样它就变成了一种具有通用性的方法，也就是一种每个人都能掌握的工作方法。

在企业中，如果下属和上司都掌握了这种工作方法，那他们便拥

> ## 项　目
>
> 生活中的一切都可以被量化为项目，中考、高考是项目，减肥、瘦身是项目，睡眠、起床也是项目。
>
> 这一道理放在企业中自然也是有效的，设计一张海报是项目，策划一个选题是项目，销售一套房产自然也是项目。

有了"通用的官方语言"，这样在安排以及执行工作任务时就会有更高的效率。

· 各种行业
· 各种工作
· 各个环节

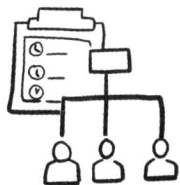

相对来说，工程项目管理的专业性更强，应用的难度也要更大，而且没办法在企业中广泛使用，并不具有通用性。而企业项目管理的通用性更强，应用难度也要更低一点，所以可以很好地在企业中推广，为更多企业主体所掌握。

总结与思考

● 想一想自己所接触到的工作，哪些需要依靠企业项目管理方法解决？

1.3 靠方法去工作，而不是靠本能去工作

在实际工作中，企业项目管理之所以会有效，关键在于其可以对人的本能和本性进行约束，让员工依靠方法，而不是单纯依靠本能去工作，这样员工开展工作所获得的结果是要远好于不使用项目管理去开展工作所取得的结果的。

我亲自参与过许多企业的战略规划调研工作，在员工工作能力和工作表现的调研中，我发现了一个比较常见，又颇为有趣的情况：许多员工都依靠自身本能工作，而并不是依靠某些方法来工作。

依靠本能去工作不对吗？

不能说不对，只能说在一家现代企业中，如果还有许多员工在依靠自身本能去工作，那这家企业要么是没有制定管理方法，要么是制定的管理方法有问题。

> Apache 金属制品公司是一家初级金属加工设备制造商，主要为汽车行业、器械行业和建筑行业提供产品。该公司的生产线都是根据客户的具体应用情况和具体需求进行定制的，只有在销售合同签订后，公司才会为每个采购订单项目派遣管理者。
>
> 这些管理者可以来自公司的各个部门，任何人都可能被指派为具体项目的管理者，有些时候，1 个管理者会同时负责 10 个甚至更多个采购订单。
>
> 一次，Apache 公司指派一名实习生来协调项目，最终该项目以惨败告终，公司销售额下降到历史最低点，每条生产线的成本平均超出 20% ～ 25%。
>
> 2021 年 1 月，董事会组建了新的高管团队，来推动企业的项目管理工作。公司严格按照考核方法来选拔项目管理，倒逼员工去学习和掌握项目管理的工作方法。

在不施加管理的情况下，人类都会按照自己的本能和本性进行工作。早期原始人类在狩猎时，身体强壮的人习惯用蛮力征服猎物，而身体不那么强壮的人则会思考着做一些陷阱来困住猎物，再依靠身体力量去征服猎物。

每个人的本能和本性都不太一样，这会导致他们的做事方法也有所不同。

靠本能工作

· 依靠强壮身体，能打到猎物
· 依靠自我发挥，会搞砸工作

一家企业任由员工释放本能、本性，员工的自由权利会得到保障，但企业的秩序和效益就可能会受到损害。有的员工不爱动脑筋，接到工作后会立刻着手去做，让他们按照本能、本性去工作，很可能会导致工作出现许多疏漏；有的员工会想得比较多，只有自己想明白了才会去开展工作，这样确实可以减少工作疏漏，但工作的效率就会很难保证。

本能与本性

让员工保有本能与本性是有必要的，但如果不能对员工加以约束，而任其发挥本能，企业倒不如使用一些智能机器人。

让员工依靠本能、本性去工作引发的诸多问题中，最重要的一个问题是，这样去做会让企业失去"通用的官方语言"，简单来说，就是会让企业失去"规矩"。

导入企业项目化管理模式就是在为企业定"规矩"，这种模式会约束员工释放自己的本能与本性，但并不是绑住他们的手脚，他们需要在《项目计划书》规定的"规矩"下充分发挥自己的本能与本性，这样既可以保护员工的自由权利，又能保障企业拥有"通用的官方语言"。

靠方法工作

·使用狩猎方法能捕到很多猎物
·使用科学方法能做好很多工作

1958 年，美国在北极星导弹设计中应用项目管理技术，把设计完成时间缩短了 2 年。

1975 年，美国杜邦把项目管理方式应用于设备维修，使维修停工时间由 125 小时锐减为 7 小时。

总体而言，企业项目管理模式能够帮助企业员工解决一些细节上的效率问题，进而从整体上提高企业的整体运作效率，让企业与员工共同发展、实现双赢。

总结与思考

● Apache 最初为项目派遣管理者时存在哪些问题？

● 在日常工作中，哪些环节的工作更容易让人靠本能去工作，而忽视具体的方法？

管理问题要用管理的方法解决

内容提要：

1. 许多工作中的失误，都是由人性的弱点所致，掌握项目管理的方法，可以有效规避人性弱点。

2. 大企业中森严的部门壁垒，可以依靠全面项目管理来打破。

3. 企业导入项目管理模式不能一蹴而就，只有循序渐进地由点及面，才能促进企业持久稳定发展。

2.1　用项目管理规避人性弱点

心理学中的很多定律都揭示了人类的固有弱点，这些定律多与我们的生活紧密相连。在初次接触这些定律时，我便在想，有没有可能用一种科学的方法，规避或者说是淡化这些定律对我们生活的负面影响。在接触并深入研究企业项目管理后，我知道自己找到了一种科学的方法。

下面以几种常见的心理学定律为例，谈一谈企业项目管理是如何有效规避这些定律发挥效果的。

1. 墨菲定律

墨菲定律认为，如果一件事情可能会出错，不管其出错的可能性有多小，出错都在所难免。

这也就是说，上司给下属安排了一项工作，只要这件工作有出错的可能，那出错就是在所难免的。

墨菲定律的深层逻辑在于人类

墨菲定律
1. 任何事都没有看上去那样简单。
2. 解决事情所耗时间都会比预计时间长。
3. 有出错概率的事总有一天会出错。
4. 你担心发生的事总会发生。

出错的普遍性，这种错误并非人们不知道如何处理这件事所致，而是因为不重视、不认真处理所致。

在没有管理的情况下，每个人在处理工作时，都会按照自己的本能去做，这便会为出错埋下伏笔。马虎的人对待工作不认真，即使是简单的工作也会经常出错，出错便要返工，返工也不一定能保证效果，恶性循环下去，企业的组织效率就会显著下降。

企业项目管理提供了一种应对墨菲定律的方法：通过标准化的工作方法，规定了企业的工作流程和标准，约束员工过度发挥本能与个性，即使员工再马虎、再大意，也要按照规范的工作流程把每一项工作做好。

墨菲"病症"

在处理一项工作时，需要员工完成三个必要步骤和两个非必要步骤，如果这个员工认真负责，那他可能会依次去完成五个步骤；但如果这个员工马虎大意，那他可能只会完成那三个必要步骤，最终因为缺少两个非必要步骤，这项工作很可能无法达到预期效果。

出错

循环

完成任务一

完成任务二

引入项目管理

如果确定这项工作需要通过五个步骤完成，员工就必须严格按照这些步骤去做。不仅如此，企业项目管理模式还会设定这五个步骤的完成度要求，蜻蜓点水般地处理是绝对不行的，即使再马虎的员工也要认真对待所有工作环节。

返工

完成任务三

总的来说，企业项目管理可以通过设定一整套标准化的工作方法，来解决员工做事情不认真的问题，进而帮助员工规避墨菲定律中指出的人性弱点。

2. 帕金森定律

帕金森定律又被称为"组织麻痹病"，是指企业在发展过程中因业务扩展或其他原因，使得机构迅速膨胀、资源浪费加剧、员工积极性下降的现象。

帕金森定律强调的是组织结构与组织效率的问题，认为行政机构中的工作人员不断增多，每个人看上去都很忙，整个组织的效率却异常低下。这一定律还表明，人在做一件事情时，只要时间还足够，那工作就会不断扩展，直到所有时间都用完为止。

- 每个人都很忙，组织效率却很低

- 迟迟没有成果，积极性就会降低

- 只要时间足够，工作就会不断扩展

- 只要资源够多，就会出现浪费情况

要解释这一定律，"画蛇添足"的典故是最为恰当的，如果不是觉得时间还足够，先画完蛇的人绝不会再给蛇添上两只脚，那他也就不会失去那坛本应属于自己的美酒了。

从时间这一概念再向下延伸，帕金森定律还可以指向一些具体的资源，在缺少必要管理的前提下，人们在使用资源时，经常会将这些资源用在一些并没有意义的地方，从而造成资源的浪费，这之中最贴切的例子便是对"钱"这一资源的浪费。

　　试着查看一下自己上个月的所有花销，将其罗列在一张纸上，然后一项一项去检查，看看哪项消费是必要的，哪项消费是不必要的，一番比对后，你会发现，在整月的支出中，其实有许多钱是完全没必要花的。

　　换个角度思考，在没有信用卡、支付宝或其他信用工具的时代，我们是不是每月还能节省下一笔钱？这就是资源过多所带来的人性弱点。如果将资源（钱）限定在一定范围内，过度消费、以贷养贷等问题在今天就不会这样频繁出现了。

　　个人花销只要控制在自己能够承受的范围内，就不会有太大的问题。这种方式在企业中却是行不通的，如果每个人都将自己在生活中使用资源的方式引入工作中，企业的资源就会被大量浪费。时间、金钱都是企业的命脉，经不起那么多人去浪费。

　　企业项目管理所解决的另一大问题便是资源聚焦，通过严格的立项流程，缜密筛选围绕目标的各项必要条件，控制对各项资源的使用，从而防止资源浪费现象的发生。

　　在这一过程中，企业项目管理强调立项之前的有效思考，思考究竟哪些资源是达成项目目标的必要资源，而哪些资源是不必要资源。在这一基础上，完成立项工作后，便可以实现资源聚焦，进而规避浪费资源这一人性弱点。

　　3. 彼得定律

　　彼得定律认为在一个层级制度中，每一个职位最终都将被一个不能胜任这项工作的员工所占据。一个优秀的足球运动员并不一定会成为一名优秀的教练，这是对彼得定律的一个形象表述。

　　人们总是期望能够攀得更高，旅行爬山如此，职业发展亦是如此。在这种时候，人们很少会考虑自己的能力问题，甚至时常会高估自己的能力，进而设定出并不实际的目标，这是对彼得原理的另一种解读。

当人们为自己设定了一个不切实际的目标时，为了达成这一目标，他们就必须要付出更多的资源和时间，可即使如此，最终所取得的效果也可能并不尽如人意。

家长希望孩子数学成绩能达到 90 分，但现在孩子只能考到 70 分。正常来说，多下点功夫，将目标定在 75 分或 80 分，还是比较现实的，而家长将孩子的目标定在了 90 分，这是一个相对较高的目标，虽然并非完全不能实现，但要付出较大努力。

为了更好地达到目标，家长陪着孩子一起熬夜背公式、做习题，经过了无数个夜晚的努力，孩子的数学成绩终于达到了 90 分，英语成绩却滑落到了 70 分。家长对自己的教育方法感到很满意，继续将这种方法用在提高孩子的英语成绩上，结果不仅英语成绩没提上来，数学成绩还下降了不少。

家长为孩子制定了太高的目标，孩子想要达成这一目标必须要倾注所有的资源和时间。如果家长最初将孩子的目标定在 80 分，结果显然要好得多。

这一情况在企业管理中也是较为常见的。如果给员工制定了一个不切实际的目标，或者将员工推到了一个与其能力并不相符的地位上，不仅会让该员工变得碌碌无为，也会使整个组织的效率变得低下。

光速升职　　　　　能不配位　　　　　惨遭开除

　　这正是企业项目管理能够解决的又一问题，企业会在立项阶段比对项目所面对的各种问题，从而在有限的时间和资源范围内确立一个可以实现的目标。借助于这一方法，企业便可以度量出不同目标的尺度，以防止目标过高或员工盲目自信的情况发生。

　　总体而言，企业项目管理它可以让企业的管理者和员工变得更认真、更聚焦、更务实，这些优点会帮助他们更好的解决项目执行过程中的各类问题，取得更好的效果。

总结与思考

● 还有哪些人性弱点，可以用项目管理的方法去规避或解决？

● 试着在工作中总结一下自己遇到的因人性弱点而引发的工作问题，看看使用项目管理的方法能不能解决这些问题。

2.2　项目管理的"破壁"效应

　　梅肯公司的主要业务是为轮胎公司开发测试设备，这是一家部门界限分明的公司，每个部门都有非常专业的部门经理负责。这种管理方法有好的一面，也有一些不好的方面。

　　因为部门间业务自主性很强，公司内部各部门的竞争也很激烈。部门经理间只顾着彼此竞争，而不关心公司能否获得最大利益，每位经理都认为项目工期延误是别的部门造成的，他们很难通过合作的方式避免项目工期延误。一旦出现工期延误的情况，各个经理便会互相指责，问题就会变得越来越复杂。

　　按照传统的工作方式开展工作，不同部门之间的工作如果没有交集，那部门之间的壁垒问题便不会太过明显；一旦产生工作交集，部门间的壁垒和矛盾也就随之产生了。

"哪个部门不跟财务部产生工作交集！"这可能是我在企业咨询过程中听到的最无奈的感叹。

一个最为常见的例子，在市场营销过程中，市场部与财务部之间就预算支出问题的讨论，往往会占据营销活动的大部分时间。

以传统的管理方式来看，对于两

大企业的部门壁垒

企业规模越大，部门间的壁垒就会越严重，这已经成为管理者心照不宣的现实。

在为数不多的打破部门壁垒的方法中，项目管理的方法是最为柔性的，也是最为有效的。

个部门来说，这是两种不同的工作，所以他们都会从优先做好自己工作的角度去思考问题，双方的矛盾分歧就是这样产生的。

梅肯公司的客户服务部认为工程部门应该对所有问题承担责任。机器没装配好，是工程师没有将文件写清楚；零件不合适，是工程师的设计出了问题。只要是工作现场出了问题，那就都是工程部门的问题。

工程部门可不会这么认为，他们认为所有问题都是生产部门的问题，要么是生产部门没正确装配机器，要么是生产的零件没达到质量水平，反正自己部门的设计是不会出问题的。

梅肯公司的部门壁垒已经严重到影响正常生产工作的地步，如果不及时打破各部门间的壁垒，工期延误等小问题积累起来就会拖垮整个公司。

企业项目管理可以打破部门间的壁垒，通过将企业中的所有工作都纳入统一的工作方式中，使从事不同工作的员工共同完成同一个项目，项目经理负责管理项目下的所有员工，每个员工都按照同一个标准的工作方法来完成工作。在这一过程中，企业内部部门与部门之间的壁垒就会被悄然打破了。

抓紧卖产品，收回资金

提升知名度，获得口碑

销售部　　任务　　市场部

☆普通管理下，同一项工作，不同部门有不同的绩效考量。

以前面提到的市场营销活动为例。

这一市场营销活动可以被看成一个项目，行政部的小刘和财务部小李都是这一项目的成员，市场部小王是项目的主要负责人，三个人的目标的一致的，工作方法和绩效考核标准也是一致的。

这样一来，原有部门的壁垒被打破，在这一项目下，三个人结成了利益共同体，能够让他们获得最大利益的方法，就是让这个项目获得最大收益，这时候便不会有人再去计较部门之分了。

完成任务是唯一目标

市场部　行政部　销售部　　任务

☆项目管理下，同一项工作，不同部门有统一的考核标准。

当企业内部的工作都变成了项目，员工的工作方式就会得到统一，在他们接触到企业项目化管理的相关培训后，不管员工之前是在财务部，还是在生产部，抑或是在市场部、销售部，他都会用处理项目的方式去解决眼前的工作。

　　这时候，每个员工所负责的就不再是各部门中的一项工作，而是企业之中的一个项目。当所有员工都能使用企业项目管理这一工作方法时，企业就实现正规化和职业化。

市场部　销售部　行政部　财务部　人资部

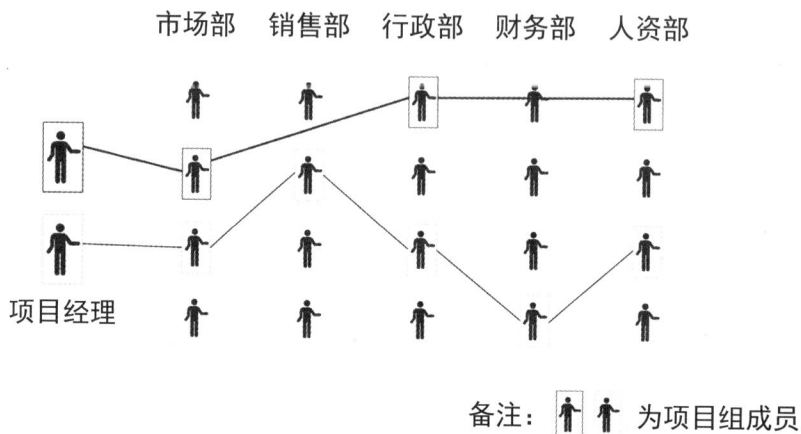

项目经理

备注：👤👤 为项目组成员

☆在项目管理模式下，一个项目组的成员来自不同部门，众人需要各显其能完成项目工作。

总结与思考

　　● 想一想你所处企业是否存在部门壁垒，部门壁垒是否是企业提升管理水平的最大阻力？

　　● 试想一下，如果梅肯公司不打算引入项目管理方法，其后续发展会出现哪些危险？

2.3　阶段化推进项目管理

| 事件管理 | 重点事件管理 | 重点项目管理 | 全面项目管理 |

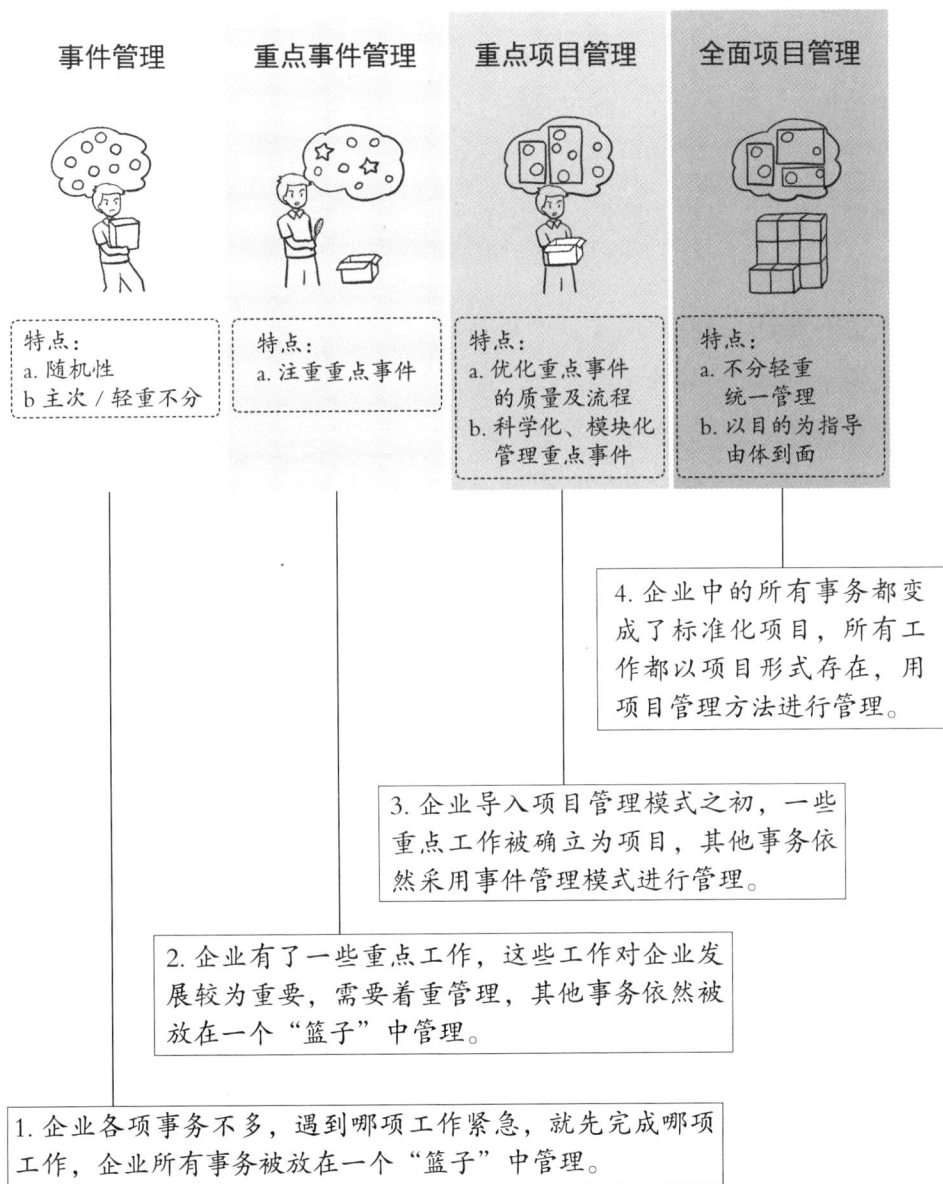

事件管理

特点：
a. 随机性
b. 主次／轻重不分

重点事件管理

特点：
a. 注重重点事件

重点项目管理

特点：
a. 优化重点事件的质量及流程
b. 科学化、模块化管理重点事件

全面项目管理

特点：
a. 不分轻重统一管理
b. 以目的为指导由体到面

4. 企业中的所有事务都变成了标准化项目，所有工作都以项目形式存在，用项目管理方法进行管理。

3. 企业导入项目管理模式之初，一些重点工作被确立为项目，其他事务依然采用事件管理模式进行管理。

2. 企业有了一些重点工作，这些工作对企业发展较为重要，需要着重管理，其他事务依然被放在一个"篮子"中管理。

1. 企业各项事务不多，遇到哪项工作紧急，就先完成哪项工作，企业所有事务被放在一个"篮子"中管理。

企业项目管理的导入并非一蹴而就的事，这是一个过程，需要循序渐进地推进，从最初的事件管理，到之后的重点事件管理，再到最后的重点项目管理，一步一个脚印，路才能走得踏实。

想要将企业项目管理变成企业的一个普遍化工作方式，需要经历几个不同的历史阶段，不同企业在历经不同阶段所花费的时间会有所不同，每个阶段的管理方法也有所不同。相对来说，前两个管理阶段较为简单，是企业都应经历的基础管理阶段，最后的阶段较为复杂，是真正帮助企业提升效率，推动企业向前发展的管理阶段。

1. 事件管理

这是一种最为自然的管理方式，企业的正常运转就是在进行事件管理。这种管理方式将企业中的所有事项全放置在一个"篮子"中，没有哪件事是特殊的，事件不分大小，也不分重要不重要，一般都是哪件事紧急，便优先处理哪件事。

这种"见招拆招"的管理方式是较为传统的，缺少随机应变、抵御风险的能力，在员工不多、业务模式较为单一的小企业中使用还算有效，放在具有一定规模、业务种类较多的大企业中，就会瞬间失效，甚至可能失控。

所以这种管理方式一般在企业初创期，企业的组织结构还没有完善，分工还未明确时使用。一旦企业真正进入发展阶段，这种管理方式是必然要淘汰或升级的。

2. 重点事件管理

伴随着企业的发展，单纯的事件管理已经跟不上企业发展的节奏，重点事件管理将会取代事件管理，成为企业新的管理方式。

在这一阶段，企业管理者会有针对性地筛选各个事件，根据事件的重要性进行排序。在开展工作时，最重要的事件需要优先处理，其他事件需要给重点事件"让路"，企业的时间、资源都会倾向于重点事件，特事特办，这便是重点事件管理方式。

这种管理方式要比事件管理高效得多，但依然存在一些盲点，比如，在应对重点事件的一些细节上，这种管理方式并没有涉及。所以想要进一步提升企业的管理效率，还需要再次更新企业管理方式才行。当然，何时开展这一工作，还需要根据企业的发展进程来确定。

3. 重点项目管理

在导入企业项目化管理后，重点项目管理将成为企业主要的做事方式。在这种管理方式下，企业中的一些重大工作会被设计成一个个项目，而那些较小的、边缘化的工作则依然可以保持事件模式。

此时，企业中其实并行着两种管理方式，一种是针对重点工作的项目管理方式，另一种则是针对非重点工作的事件管理方式。

相比于重点事件管理方式，重点项目管理方式更为有效，重点项目管理优化了重点事件的质量与流程，运用科学化、模块化的方式去管理重点事件。存在关联的重点事件可以并入一个重点项目之中，在这个项目中，不同的重点事件会被重新梳理，事件与事件之间的关联也更紧密，这样在执行项目时，所有重点事件便可以被一并完成，既提高了效率，也节省了资源。

4. 全面项目管理

重点项目管理进行到最终阶段，企业中的所有工作都将变成一个个标准化的项目，所有工作都只会以项目的形式存在，没有其他形式，这时企业便实现了全面项目化管理。

听起来似乎有些想当然，但其实这样的例子在企业中比比皆是。企业

> **企业管理的集成电路模式**
>
> 从一般电路板到集成电路板，其中的变化显而易见的，正如企业管理方式的变迁一样，从杂乱无章到科学规范。

财务部门的财务报销可以被立为一个项目，人力资源部门的人才招聘也可以被立为一个项目，行政部门的物品采购可以被立为一个项目，生产部门的产品生产也可以被立为一个项目。由此展开，企业中的所有工作都将以项目的形式展现出来，这便是企业项目管理的最佳状态。

这种状态有点像现在的集成电路，虽然有的芯片体积大，有的芯片体积小，但所有电子元件都以芯片的形态整齐地排列在电路板上。反观以前的线路板，各种大小不同的电子元件堆砌在一起，各类导线密密麻麻的螺旋缠绕，没有规矩，杂乱无章，就像传统的事件管理方式一样。

很显然，全面项目管理是最适合现代企业应用的一种管理方式，但在导入这一管理方式时，企业管理者还是需要从事件管理出发，循序渐进地展开，不要一下子将企业中所有的工作都转化成项目，这中间需要有一个缓冲阶段。在缓冲阶段，事件管理方式与项目管理方式并行是一种较为稳妥的选择。

总结与思考

● 试想一下，是否会有企业存在多种项目管理方法并存的情况？

● 思考一下，自己的企业现在处于哪种管理阶段，为了导入项目管理方法，还需要做好哪些准备？

2.4 项目管理的外延：生活项目化管理

说企业项目管理是一种通用的工作方法，是因为它可以不受时间、空间、企业性质和行业特征的限制。在具体应用时，它没有太多的局限性，无论是大企业，还是小企业，是消费品行业，还是房地产行业，都可以使用这种工作方法。

在与企业管理者聊天时，我时常建议他们在为企业导入这种项目管理模式之前，先在自己的生活中"立个项"，不仅管理者要去这样做，企业中的其他员工也要尝试去做。孩子升学考试就是一个很值得管理的项目，孩子要参加高考，我们可以将这一事件"立项"，来帮助孩子考入更好的大学。

具体来说，对这一项目进行管理可以按照下列步骤来进行。

调研

第一步，调研是首要工作。我们需要去调研孩子的现状：他的成绩怎么样？在年级中处于什么水平？他的兴趣在哪儿？他想要进入怎样的大学？学习哪一专业……调研完孩子的现状，我们还需要去调研当地的升学率如何，目标大学的录取率如何……

设计项目计划书

第二步，设计项目计划书。围绕孩子高考这一项目，设计相应的计划书，里面应该包括项目的目标、时间安排、任务列表，以及关键路径图和关键问题，不需要过于细化，但各种可能发生的情况都要考虑到。

监控项目流程

第三步，监控项目流程。家长作为项目管理者要监控整个项目的进程，一旦发现问题，要及时解决，这样才能保证预期效果的实现。

评估管理效果

第四步，评估管理效果。在孩子高考之后再去评估项目管理的效果，意义并不大，所以家长有必要将整个项目分为不同阶段，然后分阶段去评估管理的效果。如果某一阶段的管理效果不尽如人意，及时寻找问题并拟定解决措施，逐步提升阶段管理的效果，最终从整体上提升项目管理的效果。

除了高考，生活中可以立项的事情还有很多，企业项目管理之所以能够嵌套如此多的事项，就是因为其将大量的学科知识和科学的思考方法引入项目管理之中，集中了人类的各种智慧，通过系统整合，形成了一个概念准确、步骤分明、逻辑清晰的科学化、标准化的工作方法。

> **生活的项目化**
>
> 生活是一个漫长的过程，这一过程是由无数个细分的项目构成的，试着用科学的方法管理这些项目，会让你的生活变得更加丰富多彩。

这是一种深入浅出的工作方法，它将复杂深邃的科学知识和思维方式内含其中，而将简单易懂的步骤方法展示在外，初学者先学习步骤方法，之后将其应用在工作实践中，一点一滴地领会其中的科学思维。

这是一个循序渐进的学习过程，员工在这一过程中可以逐步接受新的工作方法，这要比直接让他们穿上"别人的鞋子"更容易被接受；企业也可以因此减少导入新管理方法的阻力，减少一些不必要的时间和资源的损耗。

总结与思考

● 想一想生活中还有哪些事件可以作为一个项目来对待，试着确立一个项目，设计出简略的项目管理流程。

═══ 课后延伸 1 | 如何理解人性的三大弱点 ═══

结合自身工作实际，仔细思考近一个月来，自己在工作中是否有一些行为属于墨菲定律 / 帕金森定律 / 彼得定律？试着用项目管理的方法，拟定一些改进措施。

技术部穆经理：

我在企业负责管理技术支持团队，团队岗位职责主要是负责企业所销售的产品售前咨询、安装实施、售后支持三大类工作。在工作中，经常遇到由人性的三大弱点引发的问题。

（1）墨菲定律现象：工程师赴客户现场实施，会出现遗漏工具，忘记提前准备安装程序，忘记提前向客户提供个人信息，进而导致无法正常进入施工现场的情况。

（2）帕金森定律现象：每周五我们都会进行本周工作例行汇报，在汇报中发现工程师的工作都已经饱和，但部门的实际工作又无法全部安排完，进而导致一些工作出现延误。后来发现，原来是工程师选择效率低下的交通工具出行，未及时与客户进行有效的沟通，经常等待客户反馈、协助，浪费了大量时间。

（3）彼得原则现象：在完成一项新的产品实施，或是老产品新功能的实施工作时，工程师经常会认为自己工作多年，完全可以胜任这些项目，结果导致大量的失误。

针对这些情况，我将工程师项目实施规范、积分工时管理制度建设、知识库建设形成一个个项目，通过规范工程师项目实施标准流程，优化明确实施安装工作细节，减少错误的发生。

通过引入工时与积分制管理方法，将工作进行难度分类，制定月度基准工时，优化和减少工程师在现场或路途中所不要的时间浪费，提升工作效率。

通过建立知识库，针对每个产品功能录制操作视频，对每个实施项目进行项目文档归档整理，给工程师提供更多可参考的经验。

王老师点评：　　认识到企业管理中的人性弱点是很重要的，能用管理方法解决的问题，就不是人的问题，只有那些使用管理方法无法解决的问题，才是人的问题。

　　没有人是全知全能的，每个人身上都会有这样或那样的人性弱点，企业引入项目管理的目的就是用管理的方法去解决这些人性弱点。

2

第 2 部分

企业项目化管理，从规范到流程

03

踢球之前先要知道球门在哪儿

内容提要：

1. 项目管理中的"项目"具有双重定义，在学习项目管理方法前，需要好好把握。

2. 项目管理规范和项目管理思维是项目管理的"招式"与"内功"，是做好企业项目管理必不可少的要素。

3. 利用事件结构模型，可以将企业所有工作和所有成员优化配置，帮助企业更好地开展项目管理工作。

3.1　"项目"的双重定义

项目是一个具有特定目的，相对独立的最小工作单位。这是一种较为精简的项目定义，这个定义强调了项目的价值意义和相对独立性。

企业中的各类工作能否成为项目，首先要看其是否具有价值，也就是看背后是否有特定目的作为动机。

企业要研发一款手机，这一工作很明显可以被确立为项目，因为研发手机是有价值的，背后的特定目的正是帮助企业获得更多利益。

·操作系统设计　　　　　　　　　　　·技术文档编写

·手机软件设计　　　　　　　　　　　·产品性能优化

企业要进行人事招聘，这一工作也可以被确立为项目，因为人事招聘是有价值的，人事招聘的目的是帮助企业吸纳更优秀的人才。

·招聘计划制订　　　　　　　　　　　·入职邀请函设计

·招聘邀约　　　　　　　　　　　　　·入职流程安排

在确定工作价值后，还要看工作与工作之间是否相对独立，如果两种工作间存在交集或前后有因果联系，这两种工作就要被确立在同一项目中。

企业现在既要研发一款手机，又要研发一款与手机适配的耳机，这两项工作并不是相对独立的，它们存在一定的交集，其中一项工作的失败将会影响到另一项工作，所以这两项工作要被确立在同一个项目中。

· 设计耳机

· 研发电源适配器

那什么样的项目算是相对独立的两个项目呢？

如果要把研发手机作为一个独立项目，那与它相对独立的项目应该是办公用品项目、人事招聘项目和渠道扩展项目，这些项目之间是相对独立的，一个项目的失败并不会直接影响到另一个项目。

在确立项目时，将彼此有紧密关联的工作放入一个项目中，根据工作价值进行排序，这样才能避免项目内容重合带来的不必要的麻烦。

至于说项目是"最小工作单位"，并不是说它与活动一样小，而是说在管理的完整度上它是最小的。在项目之下的任务和活动都非常细碎，任务之间都存在着较强的关联性，很难切断它们之间的联系，所以任务和活动都不是最小的工作单位。

"研发手机"项目

"研发手机"项目，包括操作系统设计、手机软件设计、技术文档编写、产品性能优化等一系列任务，每个任务又可以分为许多细致的工作活动。

"物资采购"项目

"物资采购"项目，包括采购询价、采购计划制定、采购实施、商务谈判等一系列任务，每个任务也可以分为许多细致的工作活动。

"人才招聘"项目

"人才招聘"项目，包括招聘计划制订、招聘邀约、入职邀请函设计、入职流程安排等一系列任务，每个任务还可以分为许多细致的工作活动。

项目是以一套独特而又相互联系的工作事务为前提，有效地利用资源，为实现一个特定目的所做的努力。这是另一种颇为场景化的项目定义，这个定义强调了项目需要具备一整套完整的步骤。

项目是由一系列任务组成的，完成这一系列任务需要经历许多步骤，在这个过程中，需要充分整合各种资源，围绕特定目的去思考，并最终将目标落实到位。在这种场景化的项目表述下，有几个重要概念是需要特别指出的。

1. 明确的时间节点

任何一个项目都要有明确的时间节点，这一节点既包括项目的开始时间，也包括项目的结束时间。绝大多数企业会将项目限定在一个财年内，项目的开始时间和结束时间则以按照工作日来统计，精确到具体日期。

2. 明确的产出

任何一个项目都要有特定的量化目标成果，而且这一成果还要达到预期的验收标准。明确的产出其实就是项目的目标，"明确"意味着这一目标是可以衡量，并且是符合特定目的要求的。

> **财 年**
>
> 财年指一个国家以法律规定的，为总结财政收支和预算执行过程的年度起讫时间。
>
> 我国一个财年通常是从每年的一月一日到十二月三十一日。

这两重定义从不同角度对项目进行了解释，一个采用了较为精简的方式点明项目的价值属性，另一个则用一种场景化的方式揭示了项目的价值。正是基于项目的这种价值属性，项目管理才应运而生。

项目管理是一种为高效、恰当地完成项目，对资源进行管理、分配和调度的标准化过程，是为了完成特定目的而进行的一种标准化操作。项目管理必须以目的为导向，同时还要注重对过程的有效控制。

在项目管理的定义中，"特定目的"是一个非常重要的概念，其所对应的就是"项目必须有价值"这一结果。想要达成这一"特定目的"，就需要按照标准化操作，对资源进行整合，所以其中也包含着规范的内容。

总结与思考

● 试着将企业或本部门的各个工作以项目形式进行分类，看看哪些工作可以归集到同一个项目中，哪些工作需要归属到不同项目里。

3.2 项目管理的"内功心法"

大多数人都认为学踢足球要先了解规则和技巧，再上场踢球。但其实在了解规则和技巧之前，最需要先去了解一下足球这项运动究竟是什么。

要了解足球运动的历史，了解足球形制的演变，了解足球与人体的作用原理……对于足球比赛来说，这些东西都是很虚无的，看上去可有可无，但真正学习了这些内容的足球运动员一定比直接上场踢球的足球运动员更懂得怎样踢好足球。

在导入企业项目管理之前，管理者要树立一种思维，这种思维必须是正确的，还要有一定科学道理，这与学习踢足球一样，先了解思维，再学习方法技巧。

> **规范与模仿**
>
> 模仿是人类成长发展最重要的手段，规范为模仿提供了一个范式，只要按照这个范式的引导，人们便可以更好地完成模仿。

树立思维是导入项目化管理模式的一个前提，也可以说是这一管理方式的"内功心法"。

在企业项目管理模式中，一共有 16 种常用的项目管理思维原则，这些思维原则是前人经验的总结，对企业管理工作的开展具有很好的指导意义。

项目管理的 16 条思维

团队互补原则	资源置换原则
路径节点思维	资源调整原则
基于目标的必要条件思维	定期沟通原则
难点资源聚焦原则	及时记录归档原则
前期科学调研思维	不确定因素转换原则
难点技术专家原则	量化标准原则
难点资源弹性原则	总结复盘原则
性格与工作匹配思维	理论检验创新原则

关于这些项目管理思维原则，我将在后面的具体流程场景中进行详细介绍，因为只有找到合适的应用场景，这些思维原则才能真正落地，发挥其应有的作用。

　　管理者应该形成一种条件反射，在企业项目管理中遇到某个特定场景时，就要想到与之相对应的管理思维。只有建立起这种项目管理思维的意识后，管理者才能依靠这种意识去驱动自己的行为，最终在无形无意中将其运用到项目管理的具体工作之中。

　　当然，掌握了这些思维原则并不意味着一定能成功，需要结合项目管理规范一同应用，而"规范"正是企业导入项目管理模式的另一重要前提。

总结与思考

　　● 项目管理的 16 条思维原则不仅能应用在项目管理流程之中，在处理日常工作时也可以派上用场。

3.3　有了规范才能"有法可依"

　　现代企业管理制度讲求规范化，这在我国传统的企业管理制度中并不多见，上一辈创业者都是以一种"闯荡江湖"的拼劲儿来管理企业，即使到了现在，依然有不少企业在使用传统的管理方法经营。

　　我个人对于传统的企业经营方法并不存在偏见，这种在特定形势下产生的企业管理方法，既然能帮助企业发展壮大，那就说明它自有合理性。但在现代商业社会中，商业竞争无处不在，如果不引入规范化的管理制度，企业很可能会变得像汪洋中的小舟，飘摇不定，随时可能被巨浪击沉。

　　企业项目管理也需要规范，规范是导入项目管理模式的一个重要前提，理解规范这一概念时，需要从两个方面去思考，一个是项目管理流程上的"规范"，一个是项目管理具体细节的"规范"。

　　立项和项目运作是项目管理的两大流程，流程上的"规范"就是说，在推进这两大流程前，先规定好其中的具体细节。

立项就是把企业的一件工作确立为项目，这需要立足于企业发展实际，找到这一工作的价值所在，这种价值既包括其对企业现阶段发展的价值，也包括其对企业未来发展的价值，能把价值量化清楚了，立项工作就完成了一大半。

> 20 世纪 80 年代到 90 年代，威廉姆斯公司将大量的时间和精力投入改进机床生产线上，这一举措为公司带来了丰厚的利润。但到了 20 世纪 90 年代后，经济衰退使得市场对标准机床的需求减少，威廉姆斯公司原有的管理方法和盈利模式已经不再适用。
>
> 1996 年，威廉姆斯公司被克洛克工程公司收购，成为这家公司的一个独立事业部。新的管理者意识到，过去 85 年的传统管理已经走到尽头，这家企业需要进行变革——以项目管理为先导，配合工程管理，实现全面质量管理。
>
> 1996 年到 2001 年间，威廉姆斯事业部花费了大量时间和金钱，引入项目管理方法，对员工进行培训，一直到 2002 年 3 月 31 日，它才迎来第一次盈利。此时，威廉姆斯事业部的项目管理系统已经趋于成熟。

这一流程中的"规范"，从厘清价值开始，过渡到项目总监理解董事会的意图，并将项目以书面形式落实到项目单上，传达给项目经理为止。其中，如何厘清项目价值、怎样理解上级意图、如何书写项目计划，都是要一一规范的。

厘清项目价值　项目总监理解董事会意图　书面落实　项目经理管控流程

流程上的规范

到了项目运作阶段，"规范"就要围绕项目经理来制定，因为项目经理是这一阶段的主导者，需要全程管控这一流程。具体来说，就是这个阶段中每个步骤都要有相应的运作规范，项目经理需要严格把关每个步骤，确保项目运作良好，实现预期效果。

上面提到的便是项目管理流程中的规范，下面来说一说项目管理具体细节的规范。由于工作原因，我接触过许多不同行业的管理者，他们都是各自行业的精英，所在企业也都做得很大，但我发现他们对某些概念的理解是有很大差异的，这不禁让我思考，他们的下级对这些概念的理解与他们一样吗？如果不一样，那在日常工作中不是会出现许多问题吗？

对于品牌这个概念，如果上司和下属的理解存在差异，那下属在完成品牌建设的工作时，大概率会出错。这其实又回到前面提到的上司与下属的矛盾问题，他们之间的问题并不在沟通上，而是在管理上，如果想要解决这一问题，只需要为这个概念确立一个"规范"就可以了。

对于"品牌"概念，员工和经理有着不一致的理解　　对于"品牌"概念，员工和经理统一了认知

细节上的规范

这就是上面提到的项目管理具体细节中的规范，整个企业内部要有"通用的官方语言"，这样上司与下属才能实现高效沟通。出于效率优先的考虑，企业并不需要对每一个可能出现的概念确立规范，可以结合前面提到流程规范来为特定

项目流程中的概念确立规范，只要保证项目的参与者能够统一意识就足够了。

　　一般来说，项目管理规范多由总经理办公室或行政部门负责制定，多与企业各类制度相关联，这便保障了管理规范的强制性与约束力，如果再安排一些强有力的职能部门来监督规范的落实，项目管理规范的作用将会得到更好的体现。

总结与思考

　　● 以"办公用品采购"工作为例，试着从流程和细节两方面制定一些必要的管理规范。

3.4　事件结构模型：复杂—简单—复杂

　　项目管理模式中有一个事件结构模型，依靠这一模型，我们可以将企业中复杂的事情拆解为简单的事情，通过将这些简单的事情做好，从而处理好复杂的事情。这就像搭积木或玩拼图一样，从复杂整体到简单个体，再从简单个体到新的复杂整体。

　　事件结构模型是一个金字塔结构，其顶端是系统，就是企业所有复杂的事情，将这些复杂事情规划拆解后会得到计划，再继续拆解便会得到许多项目。相比于系统和计划，项目要清晰很多，拆解到这一步，企业的工作流程就进入了项目管理阶段。在项目之下，还有任务和活动，这也是一层一层拆解得来的，相比于项目，活动就要简单具体很多了。

　　事件结构模型的五个组成部分是自上而下拆解得来的，在每一个部分中，都有对应的负责人，他们是职位上的上下级关系，同时也是项目管理中的分工协作关系。

　　各个部分的负责人在项目管理中是有着自上而下的分工的，这是必要且正确的。企业在进行项目管理时，一定要秉承这种自上而下的逻辑，不能颠倒次序或按照自下而上的逻辑去安排工作。

在自上而下的逻辑中，总经理既可以负责系统工作，也可以去制定计划；而项目总监则既可以做计划，又可以去做项目，这是自上而下顺延了他们的工作范围，这种调整与他们自身的能力是匹配的，所以是可行的。只不过有时需要考虑他们的负担和压力问题，最好不要将太多的工作流程压在一个人身上。

不能采用颠倒次序或自下而上逻辑去安排工作，意思是，任务经理可以负责任务和活动，但不能去做项目经理的工作，同样，处于活动层级的员工也不能去做具体任务的负责人。这不仅是考虑他们能力的匹配问题，同时也有避免项目风险、保障项目效果的考量。

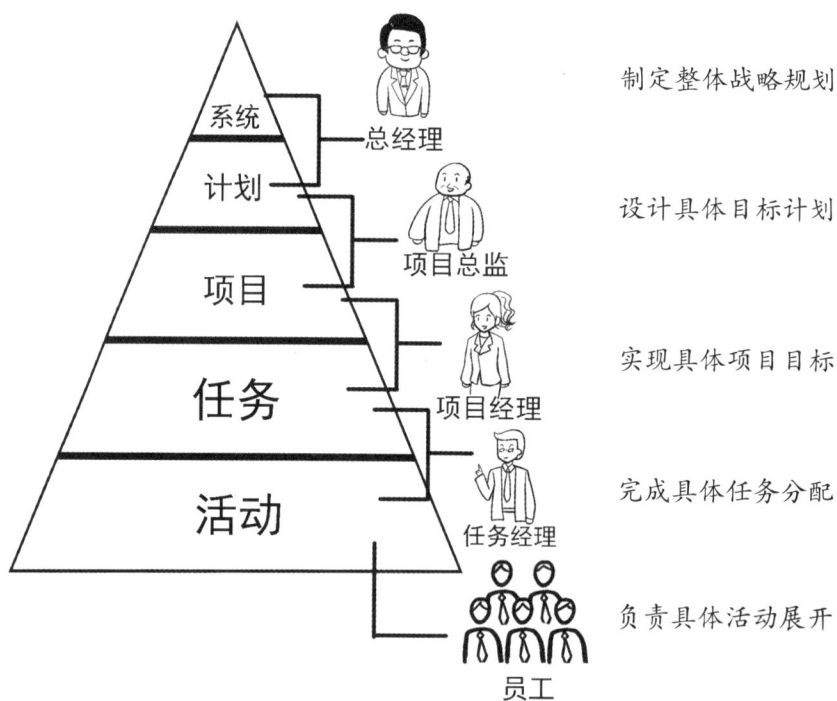

事件结构模型与人员分工

一些刚刚成立的初创企业，员工比较少，人员分配会显得有些捉襟见肘。在我接触到的一些初创企业中，许多企业的领导都是身兼多职，他们有这个能力，也有这个水平，只不过这种安排会让他们比较累，但这要比让一个没有相应能力的人去管理任务、管理项目好得多。如果让一个没有计划能力的人去负责一级部门，那这个部门很容易垮在他手中。

事件结构模型是一个分工协作的工作模型，在这个模型中，每个部分都要有核心角色负责，他们水平的高低影响着项目管理效果的实现，对这些核心角色的选择也是企业项目管理的重要环节。

总经理
"系统"这一部分，一般由总经理负责，其管理的是整个系统，需要制定一些整体的战略规划。"10 年内成为行业第一""5 年内完成技术研发"，这些都是系统层级的目标。

项目总监
"计划"部分，负责人就是项目总监，他要做的就是实现总经理的需求，把总经理的战略规划细化为具体的计划。"成为行业第一"有哪些标准，市场占有率要达到多少，企业规模要有多大，这些都是系统目标下的具体计划，是计划层级负责人需要确定的问题。

项目经理
"项目"部分，项目经理变成了负责人，他需要对接的是项目总监，项目总监所分配下来的具体部门计划就是他所负责的项目。年营业额达到多少，年净利润达到多少，这些是更为清晰的项目层级的目标，也是项目经理需要实现的目标。

"任务"部分，由任务经理负责，通过与项目经理对接，任务经理需要知道自己的具体任务是什么，自己需要向下安排哪些活动。

任务经理

"活动"部分由具体员工负责，从任务经理那里接到活动指示，他们只要高效开展活动便可以了。

员工

总结与思考

● 当项目经理不在时，任务经理是否可以临时代替项目经理，推进项目管理工作？

04

在项目中扮演好自己的角色

内容提要:

项目总监、项目经理、任务经理、专家,这是项目中最重要的四个核心角色,每个人分工不同,所担负的责任也有所不同。

4.1　扮演好自己的角色就够了

　　项目管理的核心角色一共有四个：项目总监、项目经理、任务经理和专家。项目总监是负责立项的人，项目经理是负责落实具体项目的人，任务经理是完成具体任务的人，专家则是解决项目实现过程中关键技术难题的人，他们的分工是很明确的，但在项目运作过程中可能会出现一些问题。

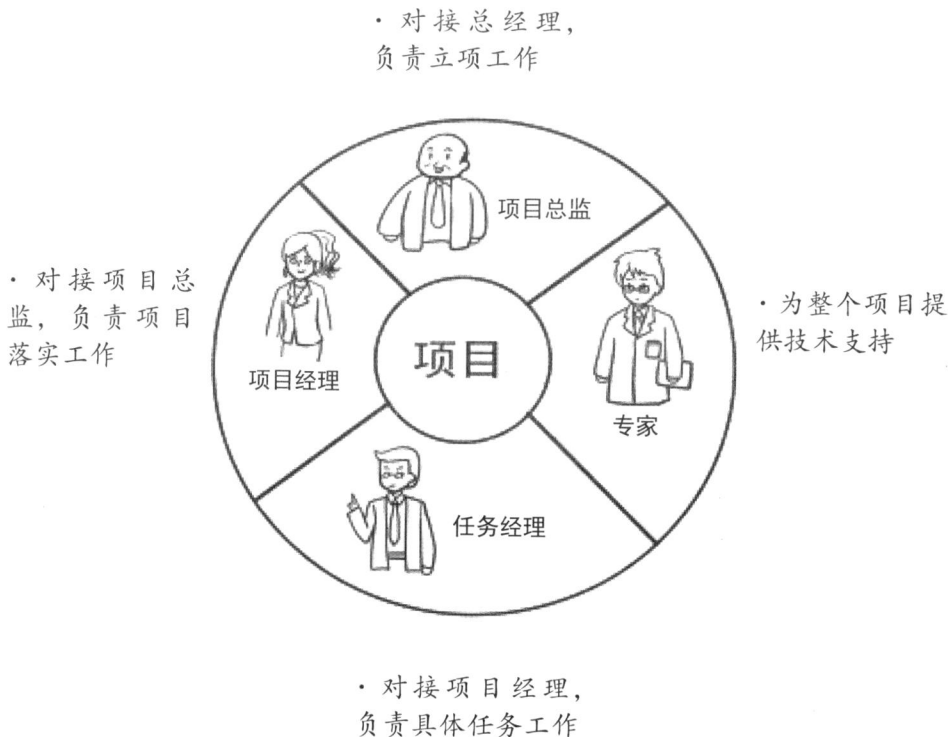

· 对接总经理，
负责立项工作

· 对接项目总监，负责项目落实工作

· 为整个项目提供技术支持

· 对接项目经理，负责具体任务工作

　　在一个项目中，项目总监既可以做立项的工作，也可以负责落实具体项目，这一点在前面有提及。但需要注意的是，允许这样操作的前提是没有合适的项目经理人选，项目总监只得担负起项目经理的工作；如果有项目经理负责具体项目落实，项目总监依然要插手项目落实的话，这就会产生一些不必要的问题。

有些项目总监插手项目落实工作，完全是为了表现自己的工作能力和水平，这是一种不称职的表现。与其让他抢下属的工作，倒不如不给他招下属，让他一人负责所有的项目工作。

另一种项目总监插手项目落实工作，是因为项目经理在工作中出现纰漏或工作能力

> **项目角色分配**
> "人尽其用"是项目角色分配的关键，每个人都做好自己的事是项目成功的关键。

明显不足，这种情况下，项目总监对下属进行帮助或直接接手下属的项目倒是可以理解的。

在企业项目管理中，项目总监需要对部门所有项目负责，项目经理需要对自己的项目负责，任务经理则要对手头的任务负责，专家只对项目难点问题负责，每个人都有明确的职责，这是他们扮演好自身角色的主要依据。

在扮演好自身角色的基础上，出于对项目整体效果的考虑，对他人负责的工作给予一定的帮助，是符合团队协作原则要求的。但如果自己的角色都没有扮演好，还总是想着插手他人的工作，这样的人很快便会在项目中失去立足之地。

总结与思考

● 当任务经理不够时，项目经理是否可以承担一部分任务经理的工作？项目总监是否可以承担一部分任务经理的工作？

4.2　项目总监：能力越强，责任越大

项目总监是企业项目管理的领导核心，企业内的所有项目都需要他来主导建立，他必须清楚每一个项目的价值，同时还要确保这些项目符合企业的战略规划以及年度经营计划。能力越强，责任越大，项目总监能否高效发挥职能影响着项目管理的成败。

项目总监的职责主要有五点：

· 从企业年度计划出发，将企业待办事项确立为具体项目
· 根据上一年度不同事项的支出，测算出每个项目的预算
· 指定项目经理，安排落实项目，并对项目工作进行考核
· 时刻监督项目进度，发现问题及时解决，防范项目风险
· 协调项目开展过程中的各项工作事宜，提升项目成功率

立项

预算

项目总监

考核

监督

（1）立项是项目总监的首要工作。在企业战略规划框架内，服务于企业的年度目标，筛选出企业的诸多待办事项，然后将这些事项以项目的形式厘清其价值，这便是立项的过程。

（2）立项之后，项目总监要做好项目的预算。虽然是预算，但在测算时也要保证相对精准，因为很多时候这会涉及企业整体的财务预算。

（3）做好预算后，项目总监有权指派项目经理，也有权对其进行替换调整，

在这个过程中，项目总监还要负责审批项目经理所写的项目行动计划书。此外，项目总监还要负责对项目经理的工作进行考核，看其是否完成了项目单上的目标要求，是否完成了自己下达的工作要求。

（4）考核是阶段性进行的，但监督每时每刻都要进行。项目总监要时刻关注自己所负责的项目，了解项目的进度，以及项目经理的工作。发现问题要及时解决，如果有无法解决的问题，还要及时上报给企业领导，防止项目风险的发生。

（5）在监督考核之余，项目总监要用更多的时间支持、帮助下属的项目经理，帮助他们协调一些人力、物力资源，协调跨部门工作事宜。同时，项目总监也要多为下属分享项目运作过程中的经验，帮助下属成长。下属工作能力的提高，在某种程度上也会减轻项目总监的工作负担。

总结与思考

● 项目总监是否有必要像项目经理那样，全程跟踪项目开展进程，对项目管理工作进行实时监督？

4.3　项目经理：项目目标就是奋斗目标

在能力上，项目经理与项目总监是有差距的，所以项目经理所担负的责任也要比项目总监少一些。这种责任的"少"并不是说工作任务少，而是项目经理所承担的工作量及工作复杂程度有所减少，这是出于权与利相匹配的考量，也是出于让项目经理集中精力做好项目的考量。

项目经理的职责主要有五点。

（1）项目经理要对项目目标负责，在限定时间内保质保量地达成项目目标是最为完美的工作成绩。

（2）项目经理可以根据项目需要调配项目预算，在不超支的部分内，项目预算的使用都由项目经理全权负责。

· 在限定时间完成项目
  目标

· 合理调配项目预算，
  以确保项目进度

· 管控整个项目流程，
  发现问题、解决问题

· 任命并替换任务经理，
  同时为其提供帮助

· 监督考核任务进度，
  防止项目风险发生

项目目标负责

调配项目预算

项目过程管控

调整任务经理

监督考核工作

项目经理

（3）在项目推进过程中，项目经理要对项目的整个过程进行管控，协调项目进度和人、财、物的使用，及时发现工作中的问题并快速进行调整。

（4）项目经理可以任命并替换调整任务经理，同时也要给任务经理提供必要的帮助，通过分享一些必要的项目管理经验，来帮助任务经理成长。

（5）在帮助任务经理的同时，项目经理还要监督考核工作。项目经理要时常跟进任务经理的工作，对项目中的每一个任务都要严格把控，防止因任务错漏影响项目进程的情况发生。

总结与思考

● 如果任务经理工作开展的不顺利，项目经理应该如何处理？

4.4　任务经理：坚决高效完成任务

相比于项目经理，任务经理在项目管理中所负担的责任又小了很多，同样是依据能力与职责相匹配的原则，任务经理只需要对自己手头的任务负全责即可。

任务经理的职责主要有三点。

（1）任务经理需要对任务目标负责。任务目标要比项目目标更为具体，也更容易实现，一般会被设定在一个较短的期限中。任务经理只要在规定期限内保质保量达成任务目标，就算圆满完成了自己的工作。

（2）任务经理要严格控制任务预算。一般在任务开展之前，任务经理需要与项目经理就任务预算达成共识。在这一基础上，任务经理需要合理调配这些预算，不能出现超支的情形。

如果在任务开展过程中，任务经理发现存在预算不足的情况，那最晚在任务预算还剩 10% 时，就必须要向项目经理进行汇报，然后根据项目经理的建议再去使用剩下的任务预算。那些等到任务预算都花光后，再去找项目经理"诉苦"的任务经理，都是不称职的。

负责任务目标　严格控制预算　管理执行过程

任务经理

（3）任务经理还需要管控整个任务的执行过程，包括整个任务中的人、财、物，对参与任务的员工进行合理分工，对任务中的各项活动进行合理排期。这些都是任务经理要管控的内容，一旦发现哪个环节出现问题，任务经理要及时做出调整。

总结与思考

● 在预算管控问题上，任务经理如果发现预算不足，是否应立刻向项目经理汇报？

4.5　专家：攻坚克难，建言献策

专家在项目小组中属于顾问的角色，他是企业内部或外部具有某类关键技术，或是在某个专业领域拥有丰富经验的人。在项目管理中，专家的作用主要是针对项目中的关键环节提供技术支持以及策略建议。

专家的职责主要有两点。

负责关键技术节点　　　　　　项目经理　专家　　给出建议，不进行决策

（1）参与企业已立项工作，没有立项的工作不需要专家参与。在整个企业范围内，专家在每个项目中只负责几个必要的关键技术节点，所以他可以同时

参与到多个项目中。以技术专家为例，他可能要同时参加企业的多个项目，在每个项目中，他都只负责做解除难题的技术指导——这项工作难度很高，但并不需要占用过多时间，非常适合专家来做。

专家并不需要参与到整个项目的管理之中，他不需要关注整个项目的流程，而只要做好项目中关键技术难点上的工作即可。项目中的技术难点突破了，专家在这个项目中的工作也就算完成了。

（2）专家对参与项目的关键技术难点给出建议，但不进行决策。专家并不会在项目成立之初便加入项目，他们一般都是在项目遇到技术困难时，由项目经理邀请后才进驻项目组，来帮助项目经理解决问题。

在关键技术问题上，专家会根据自己的经验和技术，给出相应的解决建议，但是否接受这一建议，还要由项目经理做出决断，专家是不会对项目做出决策的。

比如，专家认为解决一个问题用 3 个小时就可以了，但项目经理认为至少要 5 个小时，因为对他来说，这个项目很重要，值得让专家多校正几遍数据。对此，双方需要进一步协商，一般来说，在没有重大意见分歧的情况下，专家都会配合项目经理的工作。

总结与思考

● 如果项目经理拒绝采用专家的建议，专家应该怎样做？

━━━ 课后延伸 2 ┃ "不可不知"的项目管理团队构建问题 ━━━

在项目管理团队构建时，项目经理会遇到各种各样的问题，这些问题如果不立即解决，很可能会导致后续项目无法顺利开展。但很多时候，一些项目经理在构建团队时，面对这些问题大多无所适从。

案例：

项目经理小王已经做了两年的项目管理工作，在这两年中，他所接到的项目大多有明确的团队成员、明确的需求、明确的目标，如此，他只需要重点关注项目的执行情况，保证项目保质保量按时完成即可。

这种并不完整的项目管理工作，让小王忽略需求的确立和团队的构建等工作，这也成了小王在开展项目管理工作时的一大软肋。但正如墨菲定律所揭示的，可能发生的事就必然会发生，一天，小王的顶头上司突然给他安排了一个新项目。

这是让我做项目经理吗？这个项目的需求是什么？我该找谁索要项目资源？我需要自己组建项目管理团队吗？不需要领导开个会召集大家说一下吗？一系列问题在小王的脑海中浮现，本就一头雾水的他，完全不知道如何推进这个新项目。

王老师点评：

（1）项目总监很少会主动询问项目经理是否需要帮助，只有项目经理自己拿着需求和依据去找项目总监，对方才会给予支持。项目总监往往要负责很多项目，他们没有时间，也没有精力主动去询问你的需求。

（2）项目总监不会管项目经理缺什么，在项目开始前，项目经理必须主动争取项目所需要的东西，不局限于资源和人员，还有必要的权力支持。

（3）项目经理每周跟团队成员一起讨论和审定需求，会给需求人员带来更多思路，帮助他们更好地调整需求，同时也能增加团队成员对需求的认可程度和熟悉程度。

3

企业项目化管理流程：立项与运作

立项：建立价值的过程

内容提要：

1. 立项是建立价值的过程，找到各项工作的价值所在，并规划出实现其价值的路径，这便是立项的过程。

2. 立项就是项目总监建立项目价值并向下传递项目价值的过程，整个过程由项目总监主导，要严格按照特定规范和标准来推进。

5.1　如何去建立价值

项目管理的流程主要包括立项和项目运作两个阶段，立项是建立价值的过程，而项目运作则是落实价值的过程。

立项就是管理者基于企业当前实际以及未来规划，将企业中的具体工作确立为一个又一个项目的过程。这个过程通常由项目总监负责，项目总监要找到一个具体事件的价值，并将其量化为立项表上的书面化内容。

建立价值

一项工作只有是有价值的，才能被确立为项目，这是有根有据的。凭空为工作添加价值，并不是一种建立价值的行为。

立项前，项目总监都要想些什么？

为什么要把这件事确立为项目？

这件事的达成标准是什么？

要谁用多少时间和资源去完成这项工作？

这些都是项目总监要在项目单中以书面化形式展现出来的内容，这是项目总监完成立项后需要开展的下一步工作。

在完成立项的书面化展现后，项目总监需要向项目经理传达这一内容，双方在达成共识的基础上，还需要在项目单上签字。

进行到这一步骤，立项阶段就算完成了，但需要注意的是，整个流程需要在一定规范的约束下进行。比如，项目总监在接到立项需求后，需要在 20 个工作日内完成书面化展现，这一点必须严格遵守，延期完成是要受到处罚的。

这一阶段的规范对项目总监有要求，对项目经理同样有要求。在项目总监下达项目单后，项目经理要充分理解项目单上的内容，并在 2 个工作日内完成签字确认。迟迟无法与项目总监达成共识，影响立项进程，将被认定违规，会受到不同程度的违规惩罚。

立项就是项目总监建立项目价值并向下传递项目价值的过程，整个过程由项目总监主导，要严格按照特定规范和标准来推进。

总结与思考

● 如果认为项目单上内容有问题，在不影响立项的情况下，项目经理是否可以自行调整相关内容？

5.2 立项流程及规范

一个完整的立项过程包括项目总监立项、项目总监下达项目、项目经理签字确认项目单三个阶段。

1. 项目总监立项

项目总监在确立好项目后，需要形成一个书面化内容（项目单），需要在其中解释清楚为何要做这个项目？要花多少钱、多少时间做这个项目？这个项目的范围、内容、验收标准都是什么……项目总监需要通过项目单将这些具体内容一一展现出来。

2. 项目总监下达项目

项目总监需要在规定时间内，将项目单交到项目经理手中，同时还要帮助项目经理理解项目单所记录的内容。

3. 项目经理签字确认项目单

项目经理在接到项目单，了解了项目单所记录项目的各项要素后，需要在项目单上签字。此时，项目总监也要在项目单上签字确认。

以上每一个阶段都有严格的执行规范，只有按照这些规范严格执行，项目立项才能高效率地推进。

1. 项目总监立项的规范

企业制定或调整年度经营计划时，项目总监在接到前端部门的年度策略或需求后的 20 个工作日内，必须按规范将本部门的年度计划项目表提交给总裁审批，每延迟 1 个工作日，记 1 次违规。

2. 项目总监下达项目单的规范

项目总监需要在项目计划启动日期 10 个工作日之前，通过书面形式向项目经理下达项目单，每延迟 1 个工作日，记 1 次违规。

同时，项目总监还需要规范地填写项目单上的各条目，如项目的名称、目的、目标、起止时间、项目经理、项目预算、项目基准分、特殊技术要求等内容，缺漏 1 项，记 1 次违规。

3. 项目经理签字确认项目单的规范

在接到项目单后的 2 个工作日内，项目经理需要签字确认上面的内容，并将签好字的项目单复印件提交到总裁办公室，每延迟 1 个工作日，记 1 次违规。

（注：在制定相应规范时，以上规范中涉及的时间，可根据实际情况灵活调整）

之所以严格规范立项各阶段的时间，主要是为了更高效地推进立项流程。在规范化立项流程之外，项目总监要做的最后一项工作就是将企业中的各个项目按照优先级进行排序。

总结与思考

● 想一想当项目经理对项目总监所写项目单中的内容存在异议时，该怎么办？

5.3 项目优先级排序

项目的优先级排序是在考虑项目性质类型的基础上，通过对比项目对企业所贡献的价值，来对项目进行排序。

每个项目的价值是不一样的，对企业具有重要贡献的项目，其价值是相对较高的；常规的项目，对企业的价值贡献就相对要低一些。这里建议项目总监使用以重要紧迫性划分的四个象限来对项目进行排序。

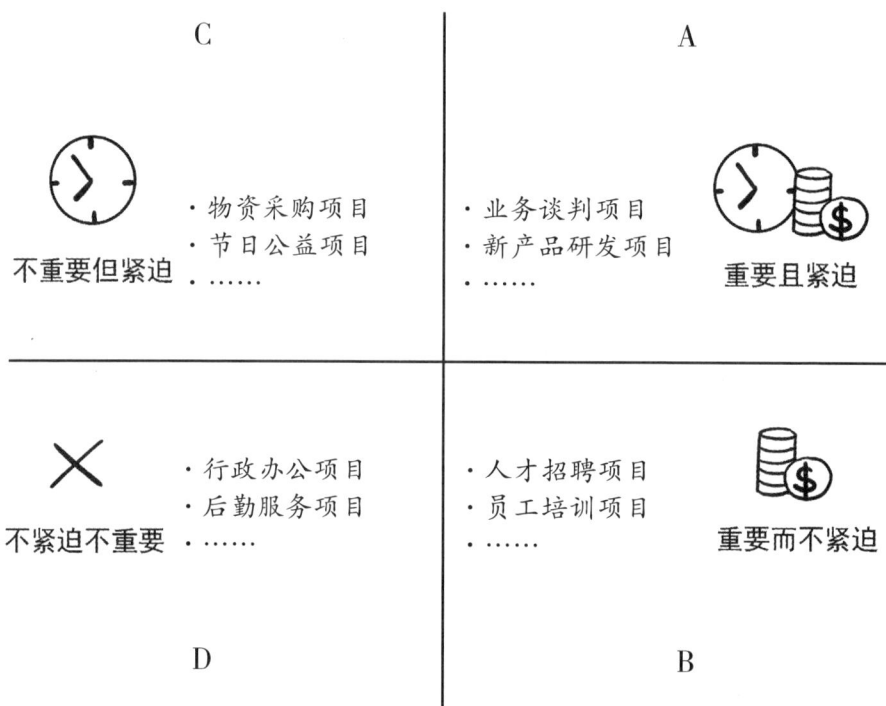

C

· 物资采购项目
· 节日公益项目
· ……

不重要但紧迫

A

· 业务谈判项目
· 新产品研发项目
· ……

重要且紧迫

不紧迫不重要

· 行政办公项目
· 后勤服务项目
· ……

· 人才招聘项目
· 员工培训项目
· ……

重要而不紧迫

D

B

那些重要且紧迫的项目，放在 A 象限；重要而不紧迫的项目，放在 B 象限；不重要但紧迫的项目，放在 C 象限；不紧迫不重要的项目，放在 D 象限；这就是根据重要紧迫性排列项目优先级的方法。

在使用这一方法时，有的企业会将不重要但紧迫的项目放在 B 象限中，将重要而不紧迫的项目放到 C 象限里，这种优先级排序的调整是见仁见智的，只要是符合企业发展实际，服务于企业年度经营目标或长远战略规划，就都是没问题的。

> **项目优先级**
>
> 　　在项目优先级这一问题上，"重要"在很多时候要比"紧迫"更优先。

　　项目优先级的排序对项目总监提出了较高的要求，项目总监必须要充分承担起自己应负的责任，在其位谋其政。如果项目总监没办法做好项目优先级排序的工作，那后续他所负责的项目管控工作可能就会出现问题。

　　因此，立项过程中的项目优先级排序也可以看成是对项目总监的一项考核，如果项目总监在这一环节中出现了较大问题，企业就要及时做出调整，根据问题大小，来决定是否需要调换项目总监。

总结与思考

　　● 想一想"年度行政办公用品采购"项目在项目优先级排序时，应该放在哪一象限之中？

5.4　立项需求从何而来

　　立项是项目总监来负责的，但这并不是说项目总监想要怎样做就能怎样做，一个项目怎么就能确立起来，它的价值是怎样产生的？在面对这类问题时，项目总监要清楚地了解项目的立项需求从何而来。

　　一般来说，项目的立项需求有两个来源，一种是固定的需求来源，就是企业每年一定要做的一些工作；一种则是随机的需求来源，就是企业在这一年可能要做，也可能不需要做的工作。

固定的需求来源

它的价值是怎样产生的？在面对这类问题时，项目总监要清楚地了解项目的立项需求从何而来。

随机的需求来源

它的价值是怎样产生的？在面对这类问题时，项目总监要清楚地了解项目的立项需求从何而来。

5.5　新增项目如何处理

出于随机性的立项需求，要在年度经营计划中增加新的项目，项目总监具体要怎样操作呢？

理想状态下，项目总监在发现新项目的价值后，直接按照固定流程对新增项目进行立项，然后将项目安排给项目经理便可以了。但在实践中，新增项目的处理并没有这样简单，其中会涉及几个细节方面的问题，需要项目总监谨慎处理。

1. 了解项目的背景及价值期望

在出现新增项目时，项目总监首先要向总经理了解项目的背景以及相应的价值期望，这是项目总监完成新增项目立项的必要基础。

现在买房子的人非常多，但在这种相同的行为背后，潜藏的动机和背景是完全不同的，有的人买房是为了保值增值，有的人买房是为了解决孩子的上学问题，有的人买房是为了结婚，有的人买房则是为了提升生活品质。如果将买房确立为一个项目，那不同人对这一项目的价值期望是会有所不同的。

项目总监需要向总经理了解的正是这种不同，总经理代表的是企业，代表的是客户需求，项目总监需要从总经理那里获取这些内容，即了解新增项目的背景和价值期望。当项目总监与总经理达成共识后，这一问题才算解决。

2. 了解年度策略调整和前端部门需求

当新增项目出现后，一些具体的企业发展策略会发生改变，这是项目总监在了解项目背景时需要一同了解的内容。

在了解这一内容的基础上，项目总监还需要关注这一新增项目是否是前端部门的需求，如果是的话，再了解一下前端部门需要哪些中后端部门支持，这会更好地帮助项目总监完成新增项目的立项工作。

前端部门的需求更多是一些"补短板"的工作，集中表现为营销类改善策略，主要是为了满足市场客户的需求，针对产品推广、渠道拓展、终端建设等方面形成的各类工作。

前面提到，这种前端部门的需求可以作为一种立项需求，项目总监据此开展立项工作，但如果单纯将前端部门的需求作为一个项目予以立项，很可能会影响到中后端部门的工作。

举例来说，出于对市场形势的考量，某企业的市场部要求扩大人才队伍，要重新组建一个百人销售团队。这项工作虽然是市场部的需求，具体执行却要落到人力资源部头上，由此，市场部增加了一个项目的同时，人力资源部也增加了一个项目。如果涉及招募各职级人

> **前端部门与中后端部门**
>
> 前端部门距离市场较近，主要是一些业务类部门，比如，市场部、销售部和研发部。
>
> 中后端部门距离市场较远，属于非业务类职能部门，比如，财务部、行政部和人力资源部。

员，人力资源部门还需要多确立几个项目，才能满足市场部门的需求。

项目总监在这个过程中，先是要了解协调，而后才能去确立项目，如果这个新增项目是单一前端部门的需求，而且可以由前端部门单独完成，那便可以在前端部门中确立这个项目；如果这个新增项目需要多部门协调配合，那在确立项目时，项目总监就要充分考虑协调配合问题，既满足前端部门的需求，又不能给中后端部门带来过重负担。

3. 及时提出立项，并以正式形式明确

在处理好前面两方面细节问题后，项目总监就要及时提出立项，以免错过时机。项目总监可以在企业月度监控会议上提出立项，这种会多是每月召开一次，企业的总经理和一级部门的负责人都会参加。

企业召开月度监控会议主要是为了检视企业内各项目的进展情况。在会上，总经理需要了解每一个一级部门所负责项目的进展情况，哪个项目出现了问题？为什么会出现这些问题？下一步应该怎样应对？这些问题都需要总经理与各部门负责人在会上达成共识。所以，在这一场合下提出新增项目立项是非常合适的。

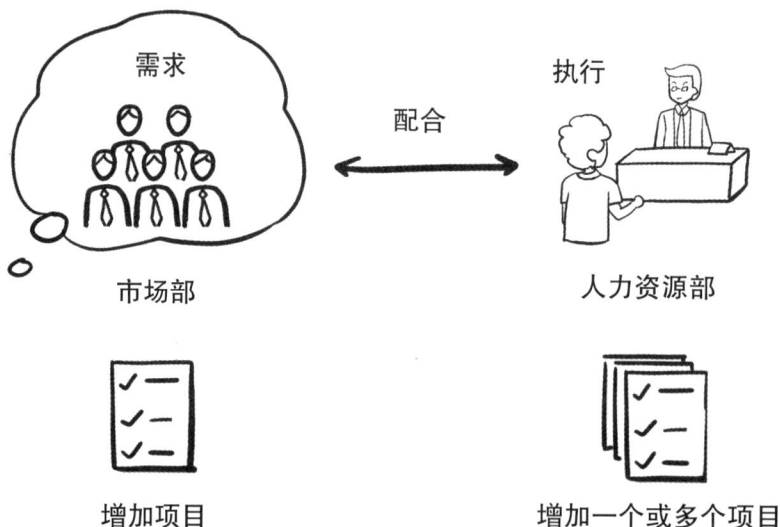

当着所有部门负责人的面提出新增项目立项，还可以更好地细化立项问题，防止出现前端部门与中后端部门相互推诿情况的发生。

对于项目总监来说，新增项目的立项不仅涉及企业年度经营策略调整的问题，还会涉及不同部门项目的协调，尤其是后一项工作，需要项目总监多下些功夫，以免出现一个新增项目拖累许多原有项目的情况发生。

总结与思考

● 在一个财年内，项目总监是否可以无限制地增加新项目？

5.6　规范项目单的撰写格式

现代企业管理制度强调规范化管理，要求企业管理的各个流程中都要贯彻规范化意识。企业项目管理是一项严格贯彻规范化意识的活动，在立项流程中，项目单内容的撰写便有着严格的要求。

规范的项目单模板

结　　构	说　　明
项目编号	一般为【部门缩写 + 年份 + "-" + 项目类型缩写 + 序号】
项目名称	一般为【时间 + 范围 + 宾语 + 动词】
项目目的	用关键词描述项目达成的状态，一般为【方面 + 描述程度】
项目目标	项目目的的近似量化描述
项目预算	预估的项目现金支出
起止时间	预估的项目开始及结束时间
工时	预估所有项目成员耗费的工作用时
技术 / 培训需求	企业目前不具备的技术水平
优先级	项目对年度目标的重要性排序

在立项方面，项目总监需要在项目单上明确项目名称、项目目的目标、项

目负责人、项目起止时间和项目预算共五项内容。这五项内容在撰写时，要按照严格的格式规范来执行。下面简要介绍其中的几项内容。

1. 项目名称的撰写规范

项目名称是对项目的一种形象化表述，就像是给孩子命名一样，要有姓，也要有名。常见的企业项目名称多以"时间 + 范围 + 宾语 + 动词"的形式来表示，简洁明了，一目了然。

以行政部门日常办公用品采购为例，如果 2021 年制定的是 2022 年的常规性工作计划，那这个项目的时间便是"2022 年"，因为这个项目是为了解决全体员工日常办公用品采购的问题，所以其范围应该是"全体员工"，宾语应该是"日常办公用品"，动词则应是"采购"。这样，这一项目的名称便是"2022 年全体员工日常办公用品采购"。

2. 项目目的目标的撰写格式

项目的具体价值需要通过目的来展现，项目目的更多是一种方向性描述，其主要来源于系统问题，是对项目完成后所期望达成状态的一种最终描述。

同样以上面的"办公用品采购"项目为例，要表述这一项目的目的，需要看我们对这一项目的哪些内容有要求，如果对采购的范围有要求，那便可以用"价格合理""价格适中"等关键词来表述。

如此，这一项目的目的就变成了"买那些价格适中的办公用品"，还有的项目总监会用"成本可控"这个关键词，其所表述的是"把成本控制在预算范围内，如果超出预算，即使采购到了办公用品，也没什么意义了！"不论使用什么样的关键词，项目总监都需要将项目具体的内涵传达给项目经理，如果做不到这一点，规范项目目的撰写格式便起到了反作用。

相较于项目目的，项目目标的表述要更精确一些。项目目标是实施项目所要达到的目的的量化描述，这就要求项目目标必须是明确、具体、可执行、可度量的，项目总监需要尽可能详细地描述项目想要的结果、想要的质量，以及具体的考核标准才行。

一个很简单的例子，如果项目
总监在项目目的中使用了"成本可
控"这个关键词，那他就要在项目
目标中对这个"成本可控"作详细
的解释，最好使用直观的数字或数
据来展现。

> **项目预算**
>
> 　　预算就是费用上限，项目预
> 算就是项目预估的费用上限，因
> 此，"预算上限"和"项目预算上
> 限"这样的表述都是错误的。

比如，项目目的中的"成本可控"到了项目目标中，可以变成"全体员工
日常办公用品采购的成本不超过 1 000 元"。很显然，这是一个非常有精度的目
标，只要项目经理完成日常办公用品采购，并且花费没有超过 1 000 元，那他
便实现了这一项目目标。

项目目标规范化的落脚点在于量化价值和可评估性，通过一个较为精确的
数据表述，不仅可以量化出这一项目的价值，还可以更好地对项目经理的工作
进行评估，这正是规范立项流程的一个意义所在。

3. 项目预算的撰写格式

项目预算是这个项目的预估现金支出，也是这个项目的费用上限，它是从
项目开始到结束，项目经理可以支配的资金。

在做项目预算时，项目总监一定要注意多个项目预算重叠的问题。在企业
日常办公项目中，纸张的使用是较为频繁的，基本上每个项目都会用到纸，在
做项目预算时，是否有必要把这些纸张的费用计入每个项目的预算中呢？

答案是不需要。企业行政部门日常办公用品采购作为常规性项目，其中必
然会涉及纸张的采购。企业其他项目中所使用到的纸张，都会从行政部门的日
常办公用品采购项目中获得，因此，只要在行政部门日常办公用品采购项目中
做好纸张采购预算，就不需要再在其他项目中分摊这一预算了。

除了纸张，其他常规通用的办公用品也应该排除在项目预算之外，比如，
U 盘、笔、文件夹等。在思考某项费用是否应该计入项目预算之中时，项目总
监应该先搞清楚这项费用是否是因为这个项目而产生的，如果单是由这个项目

产生的费用，那一定要计入这一项目的预算中；但如果所有项目都会产生这个费用，那就要将这一费用统一计入一个总的项目中。

4. 项目起止时间的撰写格式

项目起止时间指的是项目正式开始时间和正式结束时间，一般多以工作日来计算。与项目预算一样，项目的起止时间也需要项目总监根据项目实际情况来预估，通常来说，一个项目的整体时间要控制在一个财年之内。

因为每个项目在结束时都要进行总结归档，所以要把总结归档的时间留出来。一般来说，每个项目的开始时间最早是开年的第一个工作日，而结束时间通常会在年底（自然年）12 月 31 日向前推几个工作日，像 12 月 22 日、12 月 23 日、12 月 24 日，提前几天结束项目。这样到年底剩下的这些天，企业各部门便可以对每个项目进行总结归档。

立项内容示例

项目编号	CG2019-CO14
项目名称	2019 年第一季度成品质量检验
项目目的	完成品牌影响小的、检验质量高的、过程高效的季度成品质检工作
项目目标	1. 消费者因为产品的质检问题产生的投诉次数累次不超过 2 次 2. 门店因产品的质检问题产生的退换货的累计件数不高于 30 件 3. 平均每件衣服质检时间不高于 1 分钟
项目预算（元）	7 500
项目时间	2019.1.20 ～ 2019.4.5
工时（小时）	210
技术 / 培训需求	无
优先级	A

5. 工时的撰写格式

工时指的是工作用时，这是项目角色参与到项目中所要耗费的工作用时，是指项目角色全力投入工作中的时间。

这里需要关注的是专家的工时。专家并不会全程参与项目，他们只会在一些特定的时间节点给项目提供一些助力。比如，某个项目需要专家参与三次会议，每次会议时间大约 2 小时，那整个项目中专家的工时就是 6 小时。

项目总监在确定专家工时时，一般需要与专家进行协商，防止专家在多个项目中出现超工时工作的情况。如果觉得项目执行过程中，存在一些技术上的不足，或是某项任务需要专家耗费更多时间，项目总监要提前与专家沟通好。

规范化立项流程有利于企业更好地开展项目，项目总监应该将这种规范化内容传达给每个项目的参与者，在必要的情况下，可以出具相关解释说明文件，来向项目参与者详细介绍这种规范化内容表述的意思。

总结与思考

● 试着按照上述格式编写一张"年度行政办公用品采购"项目的项目单。

06

项目运作：落实价值的过程

内容提要：

1. 项目运作是落实价值的过程，由项目经理主导。一个项目能否如计划般成功，主要看项目运作是否顺利。

2. 在项目运作的每一个阶段中，都有许多细节的工作流程，这些工作流程的存在正是确保项目价值最后落地、项目目标最终实现的重要保障。

6.1　落实价值要一步步来

立项的主导者是项目总监，在企业中，项目总监多是部门的一把手，他们主要负责本部门的工作立项，比如，市场部总监负责市场部所有工作的立项，行政部总监负责行政部所有项目的立项。

当项目总监将项目单交到项目经理手中，并与项目经理达成共识

> **落实项目价值**
>
> 如果说"建立价值"是项目总监的职责，那"落实价值"是项目经理的职责，但从整个项目来说，"落实价值"应该是所有项目小组成员的职责。

后，该项目的立项工作便完成了。项目经理则要开始推进这一项目的运作。

项目经理是部门一把手之下的管理者，他们工作能力突出，而且具有一定的管理才干。如果某个员工的工作能力不错，但缺少协调管理能力，那他就只能担任任务经理或者活动专员，而没办法胜任项目经理这样的管理岗位。

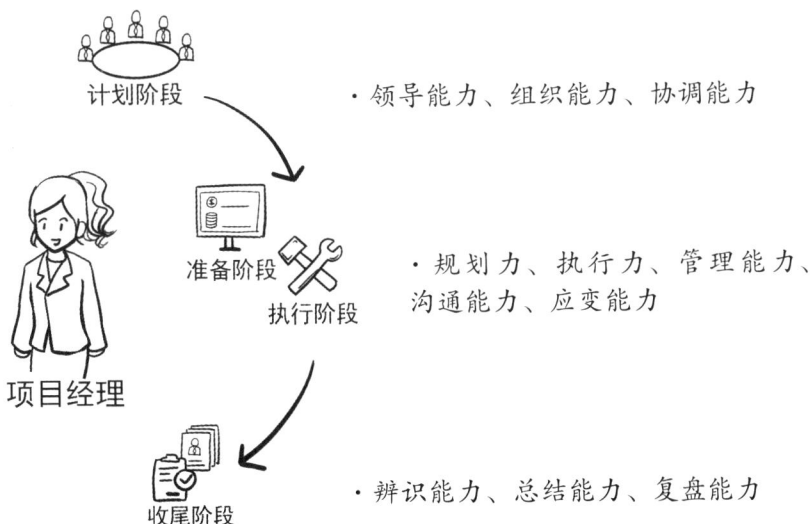

- 计划阶段　·领导能力、组织能力、协调能力
- 准备阶段　执行阶段　·规划力、执行力、管理能力、沟通能力、应变能力
- 收尾阶段　·辨识能力、总结能力、复盘能力

项目经理

由项目经理负责的项目运作流程主要包括四个阶段，按照时间先后顺序依次为计划阶段、准备阶段、执行阶段和收尾阶段。

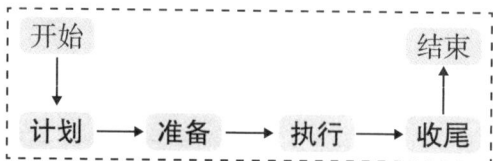

开始 → 计划 → 准备 → 执行 → 收尾 → 结束

项目运作的四个阶段

在大多数项目中，计划阶段与收尾阶段的工作是相对独立的，而准备阶段与执行阶段的工作关联得非常紧密，所以有的项目经理会将准备阶段和执行阶段合并为一个阶段，即准备与执行阶段。

在计划阶段中，项目经理需要根据项目单上的目的目标，召集团队成员开会探讨如何保质保量达成目标。会议之后还要将讨论的内容落实到书面上，要得到团队成员的认可和签字确认。

到了准备和执行阶段，项目经理需要带领团队成员共同完成计划阶段所确立的工作内容。在这个过程中，为了确保工作执行得更为稳妥、高效，花费一点时间，做些准备工作，是很有必要的。

在最后的收尾阶段，主要是总结复盘项目执行过程中的经验与教训，对整个项目进行整理归档，为后续项目分析及评估保留好资料。

在项目运作的每一个阶段中，都有许多细节的工作流程，这些工作流程的存在正是确保项目价值最后落地、项目目标最终实现的重要保障。对于项目经理来说，确保这些工作流程都能够顺利高效地完成，就是他的主要职责。

总结与思考

● 从项目运作的流程出发，思考一下一个优秀的项目经理需要具备哪些独特品质？

6.2　计划阶段"三步走"

在计划阶段，项目经理要根据项目的具体目标，做出相应的计划。以军队行军打仗为例，这一阶段"项目经理"需要在纸上估算出此次战役的困难程度，以及取得战争胜利所需的兵马及粮草数量。

对于项目经理来说，在计划阶段，所需要负责的工作主要有三项：成立项目小组、制定项目计划书、召开项目启动会。

这是一个连贯的工作流程，成立项目小组是项目经理的首要工作，在这之后，项目经理需要带领项目小组成员一同完成项目计划书的制定，而后，项目经理还需要通过召开项目启动会，让小组成员理解项目的计划流程，以便更好地开展后续项目的执行工作。

计划阶段决定了项目运作的整体方向，同时也深刻影响着后续运作阶段的实施效果。如果计划阶段没做好，那项目运作到准备和执行阶段后就会出现偏差，轻则会出现投入产出比为负值的情况，重则会直接导致整个项目的失败。

完成了前面提到的三项工作，项目运作的计划阶段便算顺利结束了，但项目经理若想从计划阶段开始将项目运作得更好，那还需要多了解一下项目运作过程中的不同阶段的资源消耗与风险控制问题，这会让项目经理更好地理解各个阶段在运作过程中存在的价值与意义。

6.2.1 资源消耗和风险控制

资源消耗和风险控制是项目经理需要重点关注的两项指标，以这两项指标为基础，项目经理可以更好地管控项目运作各个阶段的流程，提高项目运作的效率，降低可能发生的风险。

在项目运作过程中，资源消耗

项目风险控制

项目执行过程中，需要时刻关注项目风险。将项目风险控制在可控范围内，是项目经理的一项重要职责。

是一定会出现的，只不过在不同阶段中，资源消耗的程度会多少不一。计划阶段的资源消耗是相对较少的；到了准备和执行阶段，资源消耗会迅速增加，大多数项目预算都会在这一阶段被使用；最后的收尾阶段，资源消耗又会降到较少的程度。

　　与资源消耗相对的，是风险的控制程度。对于项目经理来说，自己对项目运作阶段的风险控制程度越高，整个项目运作就会越稳定；相反，如果项目经理对项目运作阶段的风险控制程度较低，那整个项目的运作就会如走钢丝一般，很容易出现风险。

　　相对来说，计划阶段的风险控制程度是比较高的，项目经理对整个阶段的掌控度可以达到 50%；而到了准备和执行阶段，风险控制程度会明显下降，项目经理对阶段的掌控度只有 15%~30%，这一阶段掌控度的降低会对收尾阶段的风险控制程度造成显著影响；到收尾阶段，项目经理对阶段的掌控度仅有 5% 左右。

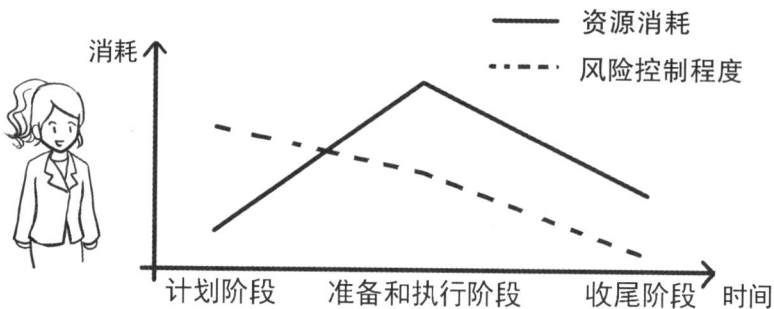

资源消耗与风险控制

	风险控制程度	资源消耗程度	是否可逆
计划阶段	50%	低	可逆
准备阶段	30%	中等	可逆
执行阶段	15%	高	不可逆
收尾阶段	5%	低	不可逆

与立项各阶段一样，项目运作的计划阶段也要按照一定的步骤和标准进行，只有把每个步骤都按照规定标准完成，这一阶段的工作才算圆满完成。

总结与思考

● 思考一下，为什么计划阶段的风险控制程度最高，而资源消耗程度却较低？

6.2.2 成立项目小组：一个通才与一群专才

大多数项目经理都是通才，而并非专才，他们有一定的技术能力，也有一定的管理能力。在项目运作过程中，项目经理并不是直接完成项目的人，他更多的是依靠团队的力量来促进项目成果的实现。

　　光芒国际是污染、环境公害和环境保护项目管理方面的全球领先者，帮助他们取得如此成绩的一个重要原因就是摒弃了直线管理，而采用"池管理"方法，将直线经理转化为池经理，负责管理池中的 150 个职员。

　　当有新项目时，项目经理有权与池内具有新项目所需技术的人进行沟通，如果这个人可以为新项目工作，那项目经理便可以将其纳入自己的团队，并授予他为自己的工作做预算和定进度的权力。项目经理会在项目结束时填写绩效考核表，并将考核表交给池经理。池经理则要根据项目经理提供的信息，来确定各个人员的工资和奖金。

　　正是这样一套项目管理制度，在短短三年时间里，为光芒国际带来了诸多业务，帮助光芒国际取得了成功。

项目经理是组织者、协调者、推动者和管理者，他可以不了解项目运作过程中的某些关键技术环节，但他必须知道如何寻找到懂得这些技术环节的人，如何去组织协调这些人高效开展工作，这也是为什么"成立项目小组"会成为项目运作计划阶段的第一环节。

项目经理并不像项目总监那样是部门中的一把手，有绝对的职级权威，项目经理更多是职能部门中管理能力出色的个体，需要依靠自己的沟通力和影响力去管理团队。这种背景决定了项目经理必须要依靠自己的专业能力和管理经验，先找对人，然后集思广益，制定项目计划书。

项目经理

· 带头冲锋，用沟通力和影响力，将小组成员凝聚在一起

攻坚克难项目组

· 团结协作，紧密围绕项目经理，攻坚克难完成项目工作

在整个过程中，项目经理都要以主导者的身份存在，成立项目小组之时，必须要运用好团队互补原则，去思考自己的项目小组中需要哪类人才，这些人才是不是可以在能力和性格上优势互补。只有具备了这一重要思维，项目经理才能组建出完美的项目小组来。

项目管理思维 1：团队互补原则

团队互补原则是项目管理诸多环节都会运用到的思维原则，在成立项目小组时，项目经理一定要借助这种思维原则来组建团队。

应该没有哪个项目会比"西天取经"更难了，项目经理唐僧从观音大师那里接到项目单后，不是一个人朝着西天进发，而是先四处收徒，组建了团队。

在唐僧的团队中，孙悟空聪明机灵、骁勇善战，是冲锋陷阵、攻坚克难的

跨部门人员调派申请

跨部门人员调派申请的一大前提是部门职能与岗位职责相挂钩，去市场部申请调派人力专员明显是不合适的。

好手，所以每次打妖怪的事都会交给他；猪八戒虽然好吃懒做，容易受诱惑，却是活跃团队气氛的好手，紧急关头，他也能扛起钉耙，救大家于水火；沙悟净是任劳任怨、鞠躬尽瘁的典范，虽然在降妖除魔方面的贡献不多，却很好地完成了扛行李、牵马的工作。

"西天取经"这个项目的成功，得益于在组建团队时遵循了团队互补原则，他知道将对的人放在对的位置上，也知道为团队成员合理安排工作。

在项目管理中，没有完美的个人但有完美的团队，项目经理在成立项目小组时要组建的便是这样的完美团队，它需要项目经理在团队互补原则的指导下，从项目实际出发，做出正确的选择和判断。

跨部门人员需求与确认单

项目编号			项目名称	
项目经理			项目经理部门	
需求			指派	
支持部门	支持人员	时间段	工作内容	指派人员	支持部门负责人
					签字： 日期：
					签字： 日期：
备注					

在成立项目小组之前，项目经理需要先思考一下达成项目目标所需的各项能力组合，再看从企业内部是否能够找到具备这些能力的员工。在这个过程中，项目经理应该保持谨慎低调的态度，项目经理也是项目小组中的一员，也要考虑自己是否能够与团队的其他成员实现优势互补。

在初步确定项目人员需求后，项目经理便可邀请本部门成员进入项目小组，如果涉及跨部门合作，那还需要进行跨部门的人员需求申请。项目经理要向项目总监提交一份书面化的跨部门人员需求确认单，由项目总监与其他部门的项目总监协调沟通，最终达成书面化共识。

一般来说，只要项目经理提出了人员调派申请，无论这一申请是否通过，他在一定时限内都能获得反馈。如果遇到意向目标的工作太满，没办法加入项目小组的情况，项目经理还需要做好权衡，是让另一个与意向目标能力相当的人加入团队，还是继续去寻找更合适的人选。

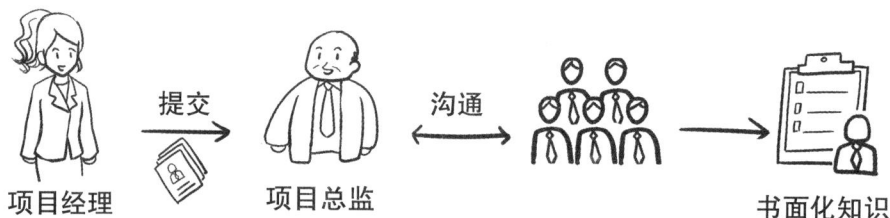

项目经理　提交　项目总监　沟通　　书面化知识

小心实践，这是项目经理应用团队互补原则的重要指导思想。在选定好项目小组成员后，项目经理需要带领这些成员推进项目运作流程，在项目推进过程中，如果发现某些小组成员并不能很好地适应团队合作，项目经理就要及时进行调整，这正是在践行"小心实践"的思想。

总结与思考

● 思考一下，"年度行政办公用品采购"项目小组中，都需要具备哪些素质的员工？

6.2.3 制定项目计划书：集思广益的"八股文"

项目计划书的制定由项目经理负责，需要所有项目小组成员共同参与，这是一个集思广益的过程。

虽然制定项目计划书的过程颇具创造性，项目计划书在形式上却是一个类似"八股文"一样的文件。一个完整的项目计划书主要包括八项内容，这些内容在书写时有一定的规范化要求，在具体执行时，还需要进一步细化分解。

项目计划书的内容

- 项目背景
- 项目目的、目标
- 技术原则
- 关键路径图
- 任务列表
- 关键问题分析
- 项目组成员及资源投入
- 项目时间排期

项目背景和项目目的、目标是项目计划书中的重要内容，这是项目经理要从项目总监那里获知的内容，经过消化吸收后，项目经理需要将这些内容以书面形式展现出来。

在这两项内容之外，项目计划书中还要包括技术原则、关键路径图、任务列表、关键问题分析、项目组成员及资源投入、项目时间排期等内容，这些内容都围绕着项目目的和目标展开，各项内容相互关联，一环紧扣一环，最终为实现项目目的和目标而服务。

其中，技术原则主要是过去的一些经验教训，在项目计划书中列明，可以防止在这一项目中再次犯错；关键路径图则是任务的排布图，项目中哪个任务先开展，哪个任务后开展，要按照路径图的规划来进行；项目时间排期要比关键路径图更为详细，使用甘特图也能更好地看出任务之间的层级。

项目计划书能否制定好，关系着整个项目的成败。好的计划一定是团队成员共同参与制定出来的，领导拍脑门定计划，员工蒙着眼去执行，肯定不会有什么好结果。让相关人员参与计划制定，对提高计划认可度、保障计划实施具有重要作用。

除此之外，对于项目经理来说，单纯的头脑风暴并不能带来完美的项目计划书，充分的前期科学调研才是计划制定的"不二法宝"。

项目管理思维 2：前期科学调研原则

前期科学调研原则也是一种重要的项目管理思维，指的是在开展项目管理工作前，通过科学的方式进行调研和量化分析，了解项目工作的环境与背景，基于项目开展实际以及事物的客观规律来指导后续工作。

前期科学调研原则在企业项目管理活动中的应用颇为广泛，进入项目运作阶段时，项目经理在应用团队互补原则组建项目小组时，就需要用到这一项目管理思维原则。

在接到项目单之后，围绕项目目的和目标，项目经理需要调研企业内部是否有合适的人员，来帮助自己共同实现项目目标。这种调研可以是面对面的交谈，也可以是调查问卷的形式。通过各式各样的调研活动，项目经理最终会得到一些有用的资料和信息，这将会帮助他更好地组建自己的项目小组。

面对面交谈

调查问卷

项目经理调研访谈的目的

1. 了解项目背景。
2. 抽取项目技术原则。
3. 优化关键路径。
4. 分析关键问题。
5. 挑选合适的项目组成员。

在整个计划阶段中，项目经理可以就各个问题开展调研工作，但推进调研活动之前，要对项目预算的运用有一个明确的考量。开展科学调研工作是要消耗资源的，项目小组成员的时间以及项目的总预算都会有所消耗，项目经理要做好权衡，看看某些调研是否真的有价值、有必要去做。

前期科学调研原则是一种透过现象、追求本质的思维，项目经理可以借助一些科学的市场调研模型来完成一些技术性操作，这可以帮助他克服经验主义带来的各类工作失误，保证项目效果更好的实现。

总结与思考

● 为了推进"年度行政办公采购"项目，你打算怎么开展前期调研工作？

6.2.4 召开项目启动会：吹响"冲锋号"

吹响"冲锋号"是 Kemko（凯姆）制造公司的一位项目管理人员在项目启动会上说的话。在这一会议上，他提到了一些很重要的内容，并想确保项目团队成员都已知晓这些内容，很好地做好了项目启动的最后推进工作。

项目启动会是项目运作计划阶段

> **项目启动会的主要内容**
>
> 1. 讨论并确定项目目的与目标。
> 2. 讨论并确定项目技术原则。
> 3. 讨论并确定关键路径图。
> 4. 分析关键问题，确定建议方案。
> 5. 项目组成员在计划书签字确认。

的最后一项工作，在制定出项目计划书之后方可进行。制定项目计划书过程中所召开的各类大小会议并不能算作项目启动会，项目启动会要更正式，也要更加重点突出，尽量把计划阶段的所有工作都确定落实下来。

项目启动会与项目总结会是相对的，它们是企业项目管理中的两项重要会议。在项目启动之时召开启动会，在项目结束之时召开总结会，这是企业项目管理的固定流程，不能出于时间或条件等原因，擅自进行删减。

一个好的项目启动会所能产生的影响可以贯穿整个项目始终，所以对于项目经理来说，把项目启动会开好，项目运作的成功率就会大为提升。

> "我事先声明，这个项目不允许有范围变更。工厂代表必须满足自身需求，并提供给我们一个详细的需求感工作包。在没有获得详细需求列表之前，我不会允许项目正式开始。
>
> "我再强调一遍，一旦项目还在，就不允许再有范围变更。我知道在项目开展过程中，可能有项目变更申请，这些申请都会被汇总，之后将作为一个新增项目来实施。整个项目需要根据原始需求来执行，这就是我要求所有工厂代表都必须参加启动会议的原因。
>
> "此外，我还要对 IT 部的员工说，你们要确定自己明白工厂代表们提出的需求，不要过后再来告诉我，你们不明白这些需求，因为它们没有很好地被定义。我会要求 IT 团队的每位成员签署一份文件，表示你们读过需求文件，并且完全理解它们。
>
> "那么，接下来我们将正式开始项目，在这之前，我想再问一遍，你们谁还有问题吗？"

在项目启动会上，项目经理需要做的事主要有两个，一个是让项目小组成员形成共识，一个则是为小组成员分配工作。

项目小组成员需要对项目目的、目标形成共识，这样才能在工作中朝一个正确的方向前进。除此之外，项目经理需要让小组成员对项目的技术原则产生共识，哪些错误不能犯，哪些经验需要学，这是项目经理要在启动会上向小组成员传递的重要内容。

为项目小组成员分配工作并不能只局限在简单的各司其职上，项目经理要让每个小组成员都清楚自己在项目中的位置、职责，以及应该达成的工作目标。如果小组成员无法承担相应责任，或是没有达成预定目标，是扣除积分奖金，还是直接开除出团队，类似的必要的处罚措施也需要项目经理在启动会上讲清楚。

除了这两项常规工作外，在项目启动会上还会有一些突发状况，这也是需要项目经理去协调处理的。

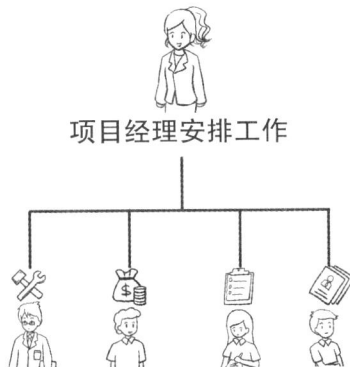

项目经理安排工作

　　在安排项目分工时，两个小组成员的职责出现重叠，是重新协调分工，还是两个人共同负责一项工作，这需要项目经理在启动会结束前便确定好。

　　如果一个人便能很好地完成这份工作，就没必要安排两人共同负责；但如果这项工作确实复杂，比较容易出错，那让两个人共同负责也是一种稳妥做法。

　　相比于这种不太常见的工作失误，项目计划书的修正是启动会上较为常见的情况。在召开启动会前，项目计划书已经制定完成，但在启动会上分配任务时，可能会出现新的任务或关键问题，这时候项目经理就要对项目计划书进行修正。这个过程可能会耗费一些时间，却是不能省略的工作。

　　在处理完突发情况，并且项目小组成员都对项目计划书达成了共识后，所有人需要进行签字确认，这时候项目运作的计划阶段就可以结束了。如果项目经理想到了什么振奋人心的口号，带着小组成员们喊上一喊也是可以的。接下来就到了大家拼命奋斗的阶段了。

总结与思考

　　● 思考一下，项目启动会上还可能出现哪些突发状况，遇到这些状况需要如何解决？

6.2.5 规范化计划流程

项目经理在推进项目运作计划阶段的各项工作时，需要按照规范化的要求来进行，与立项阶段一样，项目运作计划阶段的各项工作也有着严格的规范要求。

1. 成立项目小组的规范

在组建项目小组过程中，遇到需要跨部门人员参与项目时，需要项目经理进行跨部门人员需求申请。当项目总监接到项目经理的跨部门人员需求申请后，必须在 2 个工作日内给出指派结果反馈，每延迟 1 个工作日，记 1 次违规。

2. 制定项目计划书的规范

在项目启动会召开之前，项目经理需要完成项目小组的组建，以及项目计划书的制定，并需要将项目计划书提交给项目总监进行审核。如果在项目启动会召开时，项目经理依然没有完成这两项必要的工作，或是项目计划书中存在内容缺漏，每缺漏 1 项，记 1 次违规。

3. 召开项目启动会的规范

在确定项目计划启动日期后的 5 个工作日内，项目经理必须按规范召开项目启动会，每延迟 1 个工作日，记 1 次违规。

在项目启动会后的 2 个工作日内，项目经理需要组织项目组成员在项目计划书上签字确认，而后将复印件提交到总裁办公室，每延迟 1 个工作日，记 1 次违规。

（注：在制定相应规范时，以上规范中涉及的时间，可根据实际情况灵活调整）

4. 项目交接的规范

项目资料的交接是每个项目阶段都要开展的工作，不同的项目阶段，需要交接的资料会有所不同，每一个环节的项目管理者都应该清楚地知道自己要交接的资料有哪些。

需要交接的纸质资料包含以下内容：

（1）项目单；

（2）含项目组成员签字的项目计划书；

（3）跨部门人员申请表单（如有申请）；

（4）项目计划调整通知书（如有调整）；

（5）项目变更确认函（如有变更）；

（6）项目相关联系人的联系方式。

需要交接的电子资料主要包括以下内容：

文件名	文件包含的内容
项目启动	（1）项目计划书；（2）项目启动函；（3）关键活动流程；（4）任务单
项目执行 按任务进行分类	（1）文案初稿；（2）模型（如有模型）；（3）讲义（如有讲义）； （4）项目简报；（5）项目沟通的全过程文件（如电子邮件、会议纪要）
项目阶段成果	
音、视频文件	
项目阶段小结报告	
其他	（1）项目变更函（如有变更） （2）项目相关联系人的联系方式

总结与思考

● 思考一下，项目经理迟迟无法完成项目小组的组建，项目总监需要采取何种措施来应对？

6.3　准备与执行：让计划追上变化

在项目启动会结束后，项目运作便进入了准备与执行阶段，项目经理依然是这一阶段的主导者，但实际的工作推进或者说任务推进主要由任务经理来完成。

当任务经理接到项目经理下达的任务单后，需要在规定的时间范围内，按照项目管理规范与项目经理达成共识，并进行签字确认。完成这一步骤后，任务经理便可以按照任务单上的要求去完成相应的任务。

这种项目任务的交接一般在项目启动会上完成，当项目启动会结束后，任务经理便会立刻开始推进任务。所以项目运作的准备和执行阶段，主要是各个任务经理执行任务的过程。

在这一阶段，项目经理也要参与到任务的执行过程中，而除此之外，他还需要做好项目变更处理和项目监控与信息交流的工作。这三项工作贯穿这一阶段始终，随着所有任务都执行完毕，项目便会迎来最后的收尾阶段。

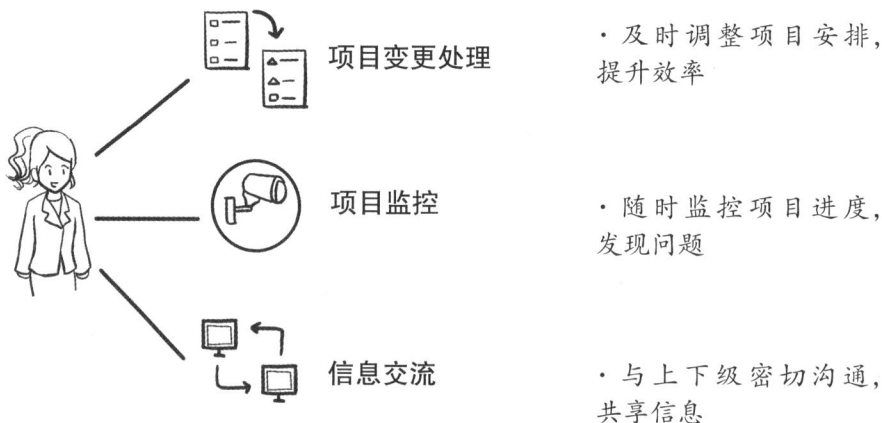

项目经理执行项目时的职责

6.3.1 规范化任务执行流程

执行任务是项目运作准备与执行阶段的主要工作，一个项目往往由多个任务组成，一个任务完成后，便可继续进入下一个任务，当所有任务都顺利完成后，项目的目标也就达到了。所以执行任务工作完成的好坏，也影响着整个项目的最终效果。

这项工作从项目经理下达任务单开始，到项目经理评估任务结束，中间的过程由任务经理全权负责。在共同目标的指引下，双方需要充分沟通、协调配合，完成相应任务。在这个过程中，一些规范化的工作流程是双方都应明确的。

1. 项目经理下达任务单的规范

项目经理必须在任务启动 2 个工作日之前，以书面形式向任务经理下达任务单，每延迟 1 个工作日，记 1 次违规。任务经理则必须在接到任务单后 2 个工作日内，完成签字确认，每延迟 1 个工作日，记 1 次违规。

在项目运作期间，如果要对任务层级进行调整，那项目经理必须在 2 个工作日内重新下发任务单，并通知与之相关的任务经理，每延迟 1 个工作日，记 1 次违规。

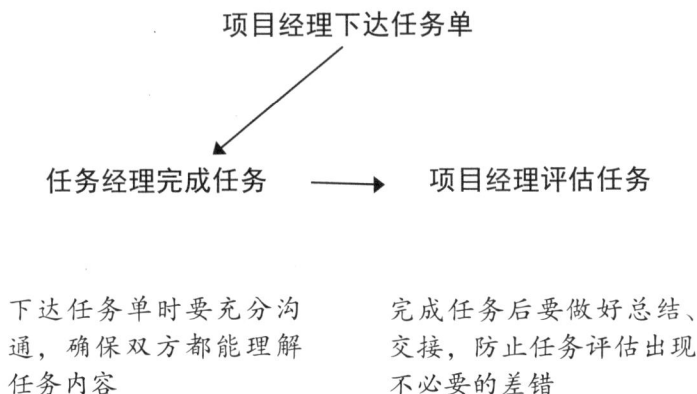

项目经理下达任务单

任务经理完成任务 ⟶ **项目经理评估任务**

下达任务单时要充分沟通，确保双方都能理解任务内容

完成任务后要做好总结、交接，防止任务评估出现不必要的差错

2. 任务经理完成任务的规范

任务经理必须在完成任务后 2 个工作日内，向项目经理提交任务信物和任务总结报告，每延迟 2 个工作日，记 1 次违规。

3. 项目经理评估任务的规范

项目经理在接到任务总结报告后 5 个工作日内，必须对任务进行评分，并与任务经理签字确认，每延迟 1 个工作日，记 1 次违规。

（注：在制定相应规范时，以上规范中涉及的时间，可根据实际情况灵活调整）

规范化的任务执行流程可以帮助任务经理更好地安排任务、开展任务，减少任务执行过程中可能出现的问题，大大提高任务执行的效率。对于项目经理来说，规范化的任务执行流程，也可以降低自己的工作负担，提高项目运作的效率。

总结与思考

● 思考一下，在项目准备和执行阶段，项目总监需要开展哪些方面的工作，来提高项目成功的概率？

6.3.2 调整计划内容与变更处理

昆腾电信拥有一套世界先进的项目管理方法，其包括 5 轮生命期阶段和 5 轮会议审查，生命期主要是项目的发展周期，而会议审查则主要是以现在的运行情况和将来的危险为基础，来决定项目是否继续。

2019 年，昆腾电信核准了两个需要技术突破的项目，虽然项目成功启动，但前两次审查会议发现，项目的进度并不乐观，很多人都建议及时终止这两个项目，只有两位发起人认为应该继续推进项目。

项目发起人在决定一个项目终止与否的过程中发挥着重要作用，因为项目是他们发起的，所以他们有权决定继续或终止项目。到了第四个阶段，项目取得较大进展，但技术依然没有突破，两个项目经理已经打算放弃，项目发起人依然决定让项目继续进行。

最终，两个项目在预定周期内完成，但产品销量很差，市场部和销售部因此受到处罚，而项目发起人却逃脱了责任。

有好的计划并不一定有好的过程，如果项目进展不顺利，项目管理者就要及时做出应对，是继续推进项目，还是及时终止项目，抑或是变更调整项目，都要及时采取行动，拖延不能解决问题，只会让问题越变越糟糕。

根据变更处理需求的不同，项目经理在调整计划时所需要遵循的规范也会有所不同。

> **项目变更申请**
>
> 项目执行过程中出现问题，及时申请项目变更，要比拖着硬抗更有效，项目执行者应以项目目标的实现为主要判断依据。

项目经理对项目中的各个任务负有主导责任，所以一些任务层级的内容可以由项目经理直接变更。比如，某项任务遇到了一个技术难题，解决起来需要浪费一些时间，这时项目经理便可以按照相应的规范对任务时间进行变更，以保证任务能够圆满完成。

但如果这一任务层级的内容变更影响到了项目层级的内容，那项目经理便不能随便对其进行变更。比如，涉及项目时间变更或项目预算变更的问题，项目经理必须及时与项目总监沟通，并按照规范上报审批变更内容。

项目任务变更　　　项目变更　　　特殊项目变更

项目经理　　　　　项目总监　　　　　总经理

一些特殊的项目层级内容的变更，即使是项目总监，也没有权限直接进行变更处理，还需要将变更内容上报到总经理，甚至是更高级别的管理者那里进行审批。比如，某个项目在运作过程中出现了问题，必须要暂停，或者市场形势发生了变化，这个项目没有继续运作下去的必要了。

这种叫停项目的变更处理一般由项目经理向项目总监提交表单申请，然后由项目总监向总经理提交表单申请，等到总经理审批同意后，发回到项目经理手中，由项目经理签字确认，这个项目的变更处理才算结束。

> **总结与思考**
>
> ● 思考一下，在项目准备和执行阶段，如果项目总监与项目经理就项目变更事宜产生分歧，该如何处理？

6.3.3 规范化变更处理流程

无论是任务层级的内容变更，还是项目层级的内容变更，都需要严格按照项目规范来进行。项目规范既包括具体变更申请内容的书写规范，也包括项目变更表单工具的应用规范，同时，对于项目变更处理的频次也有相应的规范约束。

1. 变更申请的具体内容

具体的变更申请主要包括三方面内容：为什么要变更？变更以后会有什么结果？为了实现变更后的结果，需要采取哪些新的举措？这三方面的问题是要陈述清楚的。

在项目层级的内容变更中，项目经理要与项目总监就这些问题达成共识，项目总监则要将这种共识陈述给总经理。

除了上面这三个内容外，项目经理和项目总监还需要考虑项目变更之后的一些对策。比如，项目变更后，原有的任务优先级排布需要做出哪些调整？为了实现变更后的结果，是否需要对项目资源进行重新分配？

2. 项目变更确认函

项目变更确认函是项目变更时需要使用到的一个重要表单工具，在项目经理与项目总监就项目变更问题达成共识后，项目总监需要将这一共识以项目变更确认函的形式提交给总经理（如有必要需附带其他解释性文件）。

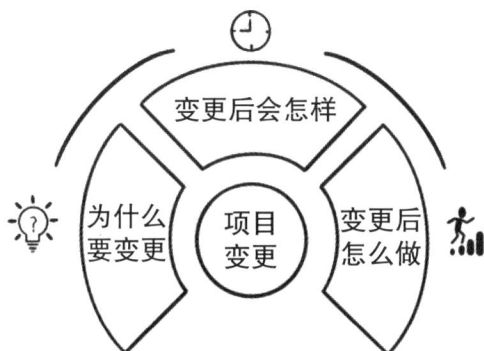

项目变更的具体内容

当总经理确认签字后，表单会返回到项目总监手中，项目总监签字确认后，再交给项目经理签字确认。这样当 3 个人都在表单上签字后，这个项目变更处理的流程就算完成了。

项目变更确认函模板

项目编号			项目名称	
项目经理			项目类型	
变更内容			变更前	变更后
	起止时间			
	目的目标			
	项目经理		变更原因	
	项目预算			
	项目终止			
	其他			
总裁签字			立项人签字	项目经理签字
日期			日期	日期
备注				

3. 项目层级变更流程的规范

相比于任务层级内容的变更，项目层级内容的变更流程要更为复杂一些，从"项目总监提交变更申请"到"总经理审批变更申请"再到"项目经理签字确认"，在这三个环节中，有一些规范化的要求需要各方自觉遵守。

比如，在涉及项目时间变更问题时，改善型项目只能变更延期 1 次，战略型项目则允许变更延期 2 次。对于那些曾经申请过延期，但超期依然未完成的项目，项目总监应该在计划结束日期后 15 个工作日内终止项目，并重新立项，每延迟 1 个工作日，记 1 次违规。

当发生项目经理变更的情况时，项目总监必须安排新的项目经理与原项目经理通过书面方式完成项目交接，双方应充分交接与项目相关的各种资料，如项目单、项目计划书、项目变更确认函、项目阶段小结报告、项目相关责任人的联系方式等。

项目变更处理流程的规范化，有利于更好地推进项目进程，发现问题及时进行变更处理，可以让企业的项目管理更具针对性，也更为高效。无论是项目总监，还是项目经理，都应该时刻关注项目的进展情况，及时对项目进行必要的变更处理。

总结与思考

● 如果你是新项目经理，试着罗列一份需要原项目经理交接的项目资料表。

6.3.4 监控与信息交流

在项目运作的准备和执行阶段，项目总监应该有猫头鹰一样的视野，对整个项目进行全方位监控。

监控项目进程是为了及时发现问题，并及时予以解决。一些涉及项目变更的问题，需要进行必要的项目变更处理；另外一些细节上的问题，则需要让相关负责人了解改进的方法，这之中便又涉及了信息交流与沟通的问题。

对于项目经理来说，监控项目是为了获得"坏消息"，诸如懈怠工作、工期拖延、乱花预算……这些"坏消息"是调整计划内容、开展项目变更、完善项目流程的依据。及时与相关任务节点负责人交流这些"坏消息"，才能将其负面影响控制在一定范围；只有在执行过程中解决掉这些"坏消息"，才能保证预期项目效果的实现。

"坏消息"需要沟通，"好消息"同样需要沟通。影响信息沟通效率，以及项目执行效果的，更多的还是对"坏消息"的沟通是否及时、顺畅；"好消息"传递得快与慢，对项目效果的影响要稍小一些。

除了提高项目小组成员间的沟通效率，项目经理还要在项目监控工作中，帮助项目小组成员积累并传承任务经验，帮助他们更好地完成任务，这对于后续的总结收尾和信息查询也是很有帮助的。

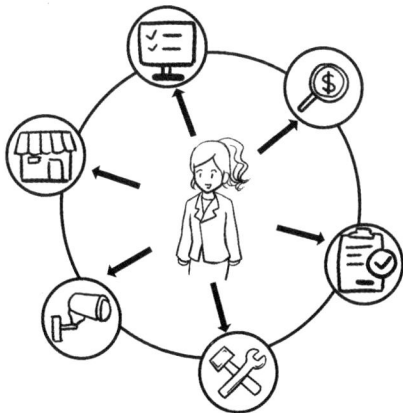

☆ 项目监控与信息交流这两项工作是紧密关联的，光有监控，没有交流，发现问题也无法解决；只有交流，没有监控，又会漏掉许多细节上的问题。

理查德是 Trophy 项目的项目经理，在项目开始一段时间后他发现了一些问题：项目进度被延迟，项目费用也超出了预算，任务经理把本该用在任务上的时间用在了别的地方。

在提交进度报告时，理查德向企业领导反映了这些情况，他认为项目预测将比原定进度晚整整一年的时间，费用至少超支 20%。企业了解到这一情况后，及时调整了项目策略，同意为理查德提供必要的人员来完成项目。

项目管理思维 3：定期沟通原则

定期沟通原则是项目执行阶段较常用到的项目管理思维，对于项目经理和任务经理来说，想要把项目中各个任务都做好，定期沟通是必不可少的。

很多时候，项目任务推进的效率低下，并不是因为外部环境发生了多大变化，更多是项目小组内部自我消耗过大所致。沟通效率低是这种内耗产生的主要原因，每个人都热衷去散布"好消息"，而鲜少有人会及时说出"坏消息"，这是项目任务推进效率低下的根本症结所在。

定期沟通原则强调定期沟通、正确沟通、高频次沟通，无论是"好消息"，还是"坏消息"，都要第一时间去沟通。在项目执行这一层面上，项目经理对整个项目负责，在其他项目小组成员没能及时高频次沟通时，项目经理应该起到带头作用，主动与项目小组成员发起沟通。

比如，某个项目任务原定 3 天时间完成。项目经理在第一天下班前便可以与任务经理确认一下任务的进度；然后到第二天下班前，再次跟任务经理确认任务进度；第三天中午再确认一下任务的进度。这样，如果在这几次沟通中没有出现什么问题，那这项任务便可以在预定期限内顺利完成。

看到这个例子，项目经理们可能会皱着眉头问道："我们要负责这么多任务，哪有时间每天都像催债一样盯着任务经理啊！"

这确实是个很现实的问题，所以项目经理需要想办法让项目小组的所有成员都养成定期沟通的习惯。项目执行前期可能需要项目经理多付出些时间，帮助小组成员养成这种习惯，到了项目执行后期，小组成员便会自觉主动地运用这种思维，这时，项目经理身上的负担也会减轻许多。

在培养项目小组成员定期沟通思维的同时，项目经理还要通过一些流程上的安排，将定期沟通这一思维原则固定下来，项目简报和月度例会便是定期沟通思维原则应用的两种主要形式。

总结与思考

● 试想一下，作为项目经理，如果发现团队成员在工作中出现懈怠工作的情况，你将如何处理？

6.3.5 规范化项目监控流程

项目经理在推进项目监控工作时，也需要按照相应的规范来执行，这些规范体现在项目监控的"三份报告"之中。这"三份报告"是项目总监用来记录项目执行进程的重要文件，在撰写和提交时，需要遵循一定的规范与标准。

1. 项目简报的规范

项目简报是一种周期性的，由项目经理制定，分发给项目相关参与者的工作报告。在格式上，项目简报并没有统一的模板，每个企业都有自己的要求，但像是任务完成情况、上一周工作进展、下一周工作安排、相关问题处理及解决建议这些关键内容，都要在项目简报中明确表现出来。

　　在一场名为"项目阶段成果交流会"的项目例会中，项目经理小张邀请全体项目组成员和企业内部专家参与讨论。会议开始后，经理小张开始介绍这一阶段的项目进展情况，其间，专家们不断打断小张的介绍，原来这些专家并不了解项目的相关背景信息。

　　小张介绍项目进展后，大家开始讨论。专家们提出了许多问题，每个人都想对未来项目推进提出"专业意见"，项目经理小张接受完这位专家的意见，又去接受那位专家的意见，最终原有的方案被批评得一无是处，专家们和项目组成员们也就个别问题争论得面红耳赤。

　　一番讨论之后，原本 1 个小时的项目例会，用了整整 3 个小时才开完。会议结束后，项目组成员向小张询问后续项目如何推进，小张无奈地苦笑道："原定方案怎么定的，后面就怎么推进，这开的是什么会，简直是在浪费时间！"

　　至于其他细化的内容，项目经理就要在项目计划阶段或准备阶段就确定好必要的规范，比如，什么时间提供什么形式的项目简报，最后要发给谁确认，这些内容都是要提前写在项目管理规范里的。只有这样，在具体执行和评估时，才能有依据。

　　比如，项目经理作为项目进程信息的记录者和汇报者，需要按照固定规范向项目总监提交项目简报。改善型和战略性项目每月 1 日和 15 日各提交 1 次简报，常规型项目则只需要每月 1 日提交 1 次简报。未按时提交简报，每延迟 2 个工作日，记 1 次违规。

2. 项目例会的规范

　　项目例会的召开时间也由企业自行决定，是每月召开一次，还是每半月召开一次，可以根据企业项目管理的实际需要而定。项目例会主要是为了让项目总监了解项目的实际进展情况，同时也为项目经理提供了一个向项目总监寻求帮助的"窗口"。

项目简报示例

项目名称	2021 上半年品牌宣传与管理
项目经理	张鹭
起止时间	2021.06.04—2021.06.20
上一简报周期（完成工作）	1. 完成品牌管理手册修订及宣传 2. 完成企业季刊的定稿印刷 3. 参与 6 月 18—19 日的深圳电商会议 4. 完成 6 月 19—20 日的机场活动 5. 完成 SEO 合作商的选定，合同签订与打款
已完成任务	1. 整理品牌方案执行流程 2. 执行 1—3 月宣传方案 3. 执行 4—6 月宣传方案 4. 1—6 月内部品牌管理与维护 5. 4—6 月内部品牌管理与维护 6. 品牌管理手册修订
发现问题	无
下一步工作	撰写醒目总结报告，并召开总结会

召开项目例会时，项目经理需要多注意以下几方面的问题，防止项目例会流于形式，失去效果，甚至起到反作用。

（1）召开项目例会前是否有需要解决的主要问题？

如果是带着问题召开的项目例会，那项目经理一定要掌控好整个会议的节奏，一切以解决问题为主，不能让会议讨论变成相互指责，最终团队成员们闹得不欢而散。

比如,前面的"项目阶段成果交流会"既然强调的是"项目阶段成果交流"，原定时间在 1 个小时，那就将讨论重点放在成果交流就好了。想要延伸讨论，就再谈一谈前一阶段存在的问题，后面要如何避免，不要再过多延伸到后续方案改进上。探讨后续方案改进问题，再召开专门的会议会更好。

（2）召开项目例会是否有必要召集所有人？

召开项目例会是有成本的，这一点项目经理一定要清楚，这个成本可能不会从项目预算中拿，但最后都要由企业来买单。这就要求项目经理在组织会议时，考虑好是否需要召集所有人。

如果单纯想交流项目阶段成果，那就没必要召集企业的所有专家，如果想要召集他们，至少也要在会议前让他们了解项目相关的内容。原本 1 个小时的会议开到 3 个小时，这里面也是有时间和资源成本的，在这方面，会议的主导者需要负主要责任。

（3）一团和气的项目例会是否有必要开？

既然相互讨论浪费时间，那大家一团和气地谈是不是就能开好项目例会呢？事实上，大多数有领导参加的会议，都容易开得一团和气，但这对于项目开展是没有意义的，该表达的问题就要抓住例会机会直接表达，有疑惑的地方也要及时问清楚，这才是召开项目例会的真正意义。

在项目准备和执行过程中，一团和气的会议反倒不如有争吵的会议更具价值，项目例会就是为了解决项目执行过程中的各项问题而召开的，如果大家都坐在座位上听领导说，那这样的会议不开也罢。

在项目例会上，项目总监与项目经理可以互通有无，项目总监可以从项目经理那里了解项目的进展如何？项目执行过程中出现了哪些问题？是否有要进行项目变更处理的地方？而项目经理则可以借此机会向项目总监陈述项目执行过程中遇到的困难，提出一些项目计划调整或项目变更处理的申请。

在项目例会后，参会人员所讨论的内容都要以会议纪要的形式保存下来。如果是项目总监主导的项目例会，那项目经理的汇报应成为会议纪要的主要内容，既包括项目中各任务的完成情况，以及项目经理对项目进度的总结分析，也包括一些项目执行过程中遇到的问题和产生的成果。另外，项目经理对下一步项目执行工作的安排与期望，也要在会议纪要中有所呈现。

基本上，记录了这些内容后，再将一些常规性内容按规范要求进行记录，就可以得到一个完整的会议纪要了。常规性的内容主要包括会议名称、日期、参会人员、记录人、会议地点、会议目的、会议结果等。其中，会议结果需要所有参会人员达成共识，在这一共识下，项目小组成员才能更好地承担自己的责任，开展下一步的项目执行工作。

这个任务完成百分之多少，那个任务还差百分之多少，项目经理要为项目总监提供一个量化的任务完成情况。	哪些任务完成了，哪些任务没完成，哪些任务正在做，哪些任务还未开展，项目经理要向项目总监说清楚当前的项目进度。

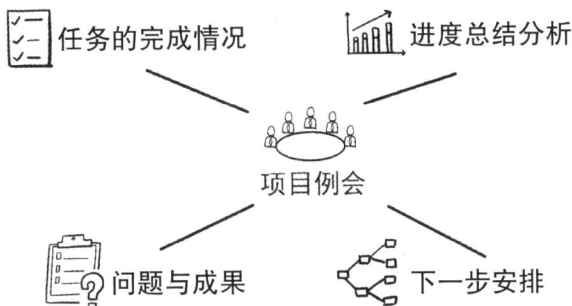

✓ 任务的完成情况　📊 进度总结分析

项目例会

📋 问题与成果　🔀 下一步安排

项目开展过程中取得了哪些成果，又出了哪些问题，项目经理可以在项目例会上向项目总监进行介绍。	对于下一步项目工作如何展开，想要取得哪些效果，项目经理要在项目例会上讲清楚。

除了项目例会外，一些由项目经理主导的关键会议也需要生成规范的会议纪要。关键技术讲解会、关键问题讨论会、文案定稿审定会，这些都是项目执行过程中的关键会议，这些会议过程中所提到的重要内容，都需要以会议纪要

的形式保存下来，并在会后分发到相应的任务负责人手中。

项目经理在每次关键会议后，都要制定规范的会议纪要，并在会后 2 个工作日内，将其发送到所有相关人员手中，每延迟 1 个工作日，记 1 次违规。

会议纪要示例

议题 /Subject	2021 年品牌宣传模式优化项目启动会		
召开日期 /Date	2021-7-6　11:30—12:15	会议地点 /Place	B 会议室
与会人员 /Attendance	张云莉、李朗、李乐、李刚		
记录人 /Minute Taker	张云莉	记录抄送 /cc	
目的 /Objective	通过对项目计划的介绍，使项目组成员对项目计划有统一的认识		
议程 /Agenda	介绍项目目的与目标　介绍技术原则　介绍关键路径图　介绍关键问题		
结果 /Results	项目组成员对项目目的和目标达成一致，针对关键问题，调整了关键路径图，具体明细见计划书附件		
下一步工作 /Next Step	工作内容	负责人	时间
	制定调研方向框架		

3. 过程记录的规范

除了项目简报和会议纪要外，项目执行过程中还有很多内容都要做书面化记录，比如，文案初稿、修订稿、终稿、违规记录等。这些内容的记录被统称为过程记录，即在项目起止时间范围内发生的与项目具有直接关联的事，都要进行书面记录。

无论是在项目的计划阶段，还是在准备和执行阶段，抑或是总结阶段，项目管理规范都是不可或缺的。每一个项目工作的推进都要按照固定步骤达到相应标准，这就像通关游戏一样，只有达到了这一关的要求，才能进入下一关挑战。

项目管理思维 4：及时记录归档原则

在定期沟通原则之外，及时记录归档原则也是项目执行过程中一种较为重要的项目管理思维。

　　在项目执行过程中，需要及时记录归档的内容有很多，每周的项目简报、每月例会的会议纪要、每个文案的初稿、每个任务推进的经验，对于项目小组成员来说，每一个有价值的项目执行环节都是需要记录归档的。

　　相比于项目简报和会议纪要这种必须以书面形式记录归档的内容，项目执行的过程信息更值得项目经理去记录。这种对过程信息的记录要精确到每个工作日。以项目经理为首，项目小组的每个成员将必要的信息资料及时记录归档到指定位置，可以用书面化形式将内容落实到纸上，也可以直接以文档的方式存储到固定的文件夹中。

　　应用这一思维原则，对项目执行的过程信息进行记录，一方面可以为后期项目复盘打下基础，另一方面则可以将有价值的知识经验传承下去。

　　在具体操作时，根据项目管理规范，提供一个模板，用来归档所有被记录的过程信息。比如，哪些资料要归到音、视频文件之中，哪些资料要归到项目计划之中，这些都要根据项目管理规范的要求分门别类地归档好。

　　如果在最后项目总结评估时，发现哪项资料短缺，或者是项目归档问题导致项目不能及时结束，责任人便要被记录违规，并被扣除相应的贡献分。

项目运作的准备与执行阶段不会始终风平浪静，以项目经理为首的项目小组成员应该时刻具备两种重要的思维原则：定期沟通、及时记录归档。利用这两种思维解决项目执行过程中的各种问题，确保项目取得最终效果。

总结与思考

● 试着选择一项值得召开例会讨论的问题，设计一份项目例会流程准备表，安排一场项目例会。

6.4 项目收尾，跨过"三道门槛"

如果用一场战争来形容项目运作流程，那计划阶段便是战争的起步期，参战各方需要谋划好战略，调兵布阵；准备与执行阶段是战争的爆发期，参战各方集结完兵马，备齐粮草后，展开激烈拼杀，大量资源将会在这一阶段被消耗；收尾阶段则是战争的结束期，战场上硝烟已经散去，胜利者在打扫战场，完成收尾工作。

项目运作到了收尾阶段，项目经理还需要做三件事：召开项目总结会、完成项目归档、开展项目评估。这三件事在完成时也有必要的规范，项目经理要按照特定的步骤一点一点去推进完成。

6.4.1 项目总结会

在项目执行完成后，项目经理要组织召开一个具有总结性质的会议，需要项目小组的所有人员参加。这是每个项目收尾时都要有的工作环节，想要按时结束项目，就要及时召开项目总结会。

召开项目总结会的目的主要是对项目执行过程进行复盘，对项目是否完成、是否超出预算，进行总结陈述，对项目执行

项目总结会

项目总结会的时间不用太长，重点在于总结和复盘工作，归档和评估可以在之后再细化。

过程中成功与失败的经验进行总结。除了这些基本的内容总结外，项目组成员还可以分享一些自己在工作中的感悟，以及对未来新项目开展的建议。

在基本工作总结完成后，项目经理还要对有功劳的小组成员进行表彰，并对所有参与项目执行的成员表示感谢。

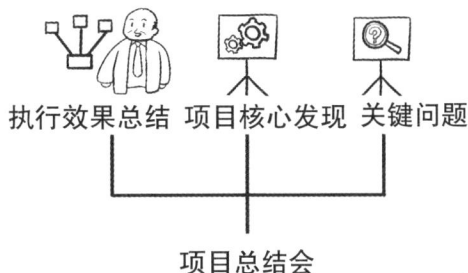

执行效果总结　项目核心发现　关键问题

项目总结会

在这些基本内容中，项目执行效果是最先要总结的内容，项目总监要通过这些内容来判断项目是否顺利完成。

项目核心发现是需要重点强调的内容，在项目执行过程中，使用了哪些方法避免了风险、提高了工作效率，这些核心发现要在总结会上分享出来。

关键问题与核心发现看上去相似，但本质有所不同。关键问题是项目执行过程中的痛点和障碍，在这一项目中可能并没有得到妥善解决，所以需要在总结会上总结分析一下。

上面这些便是项目总结会上要总结的内容，并不复杂，都是围绕项目执行过程、项目目标而形成的一种沉淀经验的复盘。把这些问题都说清楚了，项目总结会便算是成功了。项目经理要尽量将总结会的时间控制在 25 分钟到 35 分钟之间，别让总结会变成茶话会、交流会。

总结与思考

● 思考一下，项目总结会和项目启动会在工作安排上的异同，以及两个会议之间存在怎样的联系？

6.4.2 项目归档

在项目总结会结束后，项目归档的工作便要马上开始。到这里，有的企业管理者会有疑问：为什么要在总结会之后归档项目，在总结会之前完成归档不是更有利于总结会的召开吗？

从项目过程的完整性上来讲，先开总结会，再进行项目归档，才是正确的项目收尾流程。如果在总结会前完成归档，那总结会上形成的书面化资料或音视频资料便被排除在了项目归档资料之外，这是不规范，也是不正确的。

项目归档要保证资料的完整性，同时还要按照规范要求来进行。比如，项目经理必须在计划结束日期前，召开项目总结会，并完成项目归档，每延迟 1 个工作日，记 1 次违规；对于终止的项目，项目经理必须在项目总监提出项目终止的 15 个工作日内完成项目归档，每延迟 1 个工作日，记 1 次违规。

> **项目归档**
>
> 项目归档要注意"分门别类"，不要觉得文件夹层级过多太烦琐，文件类别分得越细，后续查找使用就越方便。

对于项目经理来说，整个项目运作过程中的内容都要归档。比如，项目成果、项目总结报告、项目简报、项目任务信物、关键会议的会议纪要、重要活动的书面记录等。项目经理可以从项目启动内容、项目执行内容、项目成果内容、音视频文件、项目总结内容和其他内容这六个方面开展项目归档工作。

根据及时记录归档原则，在项目运作之初，项目经理就应该确定好相应的归档存储位置。比如，使用互联网云盘，建立六个内容大类的文件夹，随着项目运作过程的推进，不断将相应的内容文件放入相应的文件夹中。这样到收尾阶段的项目归档环节时，项目经理只需要核对和调整一下各个内容文件的位置就可以了。

并不是每个项目都会有这六大类内容文件。比如，某个项目在运作过程中并没有留下音视频文件，这是不是说这个内容文件大类可以省掉而不归档了呢？并不是，即使没有音视频文件，项目经理也要按照六大类内容进行归档，只是音视频文件内容大类暂时空着。

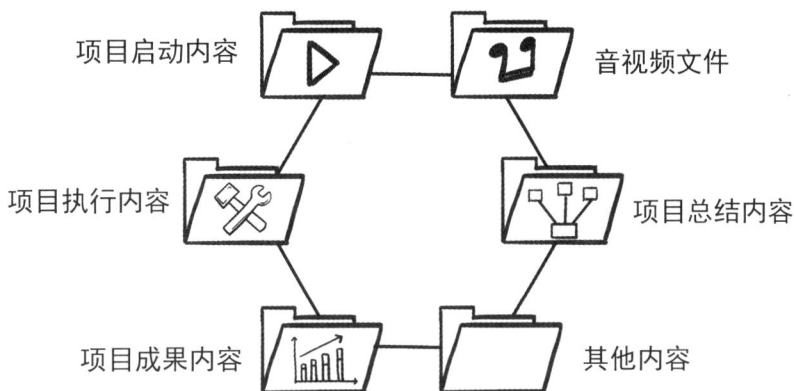

需要归档的项目内容

上面这种情况同样是出于归档内容完整性的一种考量，在这一考量下，所有项目运作的过程文件都要与最终文件一并进行归档。比如，某个项目任务撰写文案时有初稿和终稿，那在归档时，项目经理不仅要将终稿归档记录，也要把初稿进行归档，终稿要归入项目成果内容大类中，初稿则要归到对应的流程内容大类中。

一些关键活动的书面记录或评估记录最好做成电子版形式，除了便于归档外，这类文件多会递交到人力资源部门，用作绩效考核和薪酬评定，做成电子版，也便于递交和审核。从这一角度来说，及时将项目运作过程文件归档记录，也是在项目结束后，对项目小组成员论功行赏的重要凭据。

总结与思考

● 思考一下，项目会议纪要在归档时，应该存放到哪一类文件夹之中？

6.4.3 项目评估

项目评估是项目收尾的最后一个环节，项目经理的工作由项目总监来进行评估，评估的依据是项目单的要求，评估的标的则是项目完成的最终结果。整个评估过程要基于项目开展的实际，评估者不能以个人喜好或感受，随意进行评估。

一般来说，项目（任务）的评估标准主要包括目标达成情况、资源使用情况和合乎规定情况三种。

> **项目评估**
>
> 目标达成情况是项目评估的主要标准，资源使用情况在优先级上略逊于目标达成情况。用最少的资源取得完美的项目效果当然是最好的。

项目单上规定的项目目标是否全部完成

目标达成情况

评估标准

资源使用情况   **合乎规定情况**

相关责任人是否按照项目管理规范完成了每一环节的工作

在项目单规定的起止时间内，项目预算是否超支

目标达成情况就是指项目单上所规定的项目目标是否全部完成了；资源使用情况是指在项目单规定的起止时间内，项目预算是否超支；合乎规定情况则是指责任人是否按照项目管理规范完成了每一环节的工作，比如，是否按规定

召开了启动会、总结会，是否按违规进行了项目内容变更，是否按照规范模板进行了项目归档，合乎规定情况的评估主要以项目管理规范为依据。

　　合乎规定的情况，一般由总经理办公室负责评估，在项目运作过程中，总经理办公室会以随机抽查的形式抽查各部门项目，每一个项目违规行为都会被记录归档，并按照项目管理规范予以相应处罚，最终表现在项目评估阶段，就是各种积分的扣除。

　　这种第三方介入的方式，可以让项目评估变得更加公开透明，减少项目总监徇私舞弊的空间。

　　目标达成情况和资源使用情况是两项非常重要的标准，很多时候也是衡量项目成功与否的重要标准。每一个项目的开展都是一次价值投资的过程，投入产出比是一项很重要的指标。如果企业投入了很多，但是没有达成目标，那这个项目就是失败的，这次价值投资也就成了亏本的投资；如果企业投入比较少，却顺利达成或超出了目标，那这个项目就是成功的，这次价值投资也获得了足够的回报。

　　作为项目运作的最后一个环节，项目评估也要按照规范化要求进行，项目经理在完成项目归档当天就要向项目总监提交《项目结束确认函》，每延迟 1 个工作日，要记 1 次违规。同时，项目总监在接到《项目结束确认函》后 2 个工作日内，要进行评分并签字确认，而后还要将原件提交到人力资源部负责人手中，将复印件交到总裁办公室，每延迟 1 个工作日，也要记 1 次违规。

总结与思考

　　● 思考一下，项目评估阶段的《项目结束确认函》是否需要归档保存起来？

6.4.4 项目评估方法

企业项目管理中的项目评估并不能只依靠项目总监的几句评语来做总结，而要依靠缜密的评估公式来计算。

项目评估公式：$Q = 8X + 2Y - N$

· Q 值：项目评估得分

· X 值：目标的达成率（$X \leqslant 1.1$）
　　　　$X = $ 达成目标个数 / 目标总数

· Y 值：按时完成情况（$Y \leqslant 1$）
　　　　$Y = 1 - $（实际完成天数－目标完成天数）/ 目标完成天数

· N 值：违反《项目管理规定》的情况（符合为 0）

在上面的公式中，Q 是项目评估得分，也就是项目的实际得分，其满分是 10 分；X 是目标达成率，主要用来衡量目标的完成情况，其数值一般小于等于 1.1；Y 是项目按时完成情况，是衡量项目完成效率的指标，其数值一般小于等于 1；N 是违反《项目管理规范》的情况，如果项目运作流程都符合规范，N 的数值就是 0，如果有违规的情况，就要扣除相应的分值。

一般来说，如果项目评估得分小于或等于 5 分，那这个项目就相当于白干了，即使项目最终完成了，其最终所取得的效果，以及对企业的意义都已经大打折扣了。

努力工作一年，最终拿到这种成绩的项目经理，年终奖就不必指望了，是否会降薪，是否会遭到处罚，还要看项目的具体完成效果。在项目经理之下的任务经理和活动专员们也不必考虑年终奖了，能否继续保住"饭碗"应该是他们当前最要考虑的问题。

当然，从大多数项目实践来说，项目评估分拿到 5 分以下的也并不多见，因为在项目管理全程都有项目总监来监管，如果项目在运作过程中出现了严重问题，会

项目评估方法

运用科学合理的计算公式来对项目进行评估，可以更好地评估不同项目的完成情况。

马上汇报到项目总监，甚至是总经理那里。大多数问题都会得到解决，所以想拿过低的评分也并不是那么容易。

值得注意的是，在这个公式中，目标达成率的数值范围被定为小于等于 1.1，为什么要多出这 0.1 呢？实际上，这是一种出于激励目的而特意进行的设计。

举例来说，一个项目总监给两个项目经理分别布置了项目，这两个项目的目标、时间和预算都是相似的。在项目运作过程中，一位项目经理按照规定时间，使用额定预算，完成了预定目标，这样他的目标达成率便是 1。

而另一位项目经理使用较少的预算提前完成了预定目标，这时如果将他的目标达成率也定为 1，就显得不那么公平了。因此，多给 0.1 的达成率，就算是对他高效完成项目的一种奖励了。

如果在项目结束时，项目经理一个项目目标都没有达成，那 X 的值就为 0；若完成了所有项目目标，那 X 的值就为 1；提前或高效完成了所有目标，X 的值就可以是 1.1。是否要给予项目经理这 0.1 的加分，由项目总监来决定。

在遇到项目延期时，项目经理一定要做好规范化的项目变更处理，因为这会涉及项目评估时"按时完成情况"的计算。

如果发生了项目时间的变更，那在计算"按时完成情况"时，就要按照项目变更确认函上的延期时间进行计算；发生预算变更时，也要按变更后的实际预算进行计算。

当有"计划赶不上变化"的情况发生时，只要规范进行项目变更处理，项目经理依然可以在"按时完成情况"这一指标上拿到满分。

但需要注意的是，那些超出项目管理规范要求的项目变更行为，每发生一次，就会在评估时的 N 值上扣减掉 0.1 分。比如，项目管理规范会规定，企业的改善型项目只允许变更一次，如果项目层级的变更超出一次，那 N 值便要扣掉 0.1 分，这相当于是对违规行为的一种处罚。

这种项目变更时的违规不仅要接受扣分处罚，在项目运作各个阶段的违规还要接受相应处罚，这也就是 N 值所代表的意义。如果项目经理的管理流程都符合规范，那 N 的值便为 0；每出现一次违反项目管理规范的行为，那就要扣掉 0.1 分。

这种项目评估方法可以有效评估项目的具体完成情况，将数据作为奖惩评价的依据，可以更好地达到奖优惩劣的目的，推动企业项目管理制度的完善。

项目管理思维 5：总结复盘原则

总结复盘原则是在项目收尾阶段应用较多的一种项目管理思维，当一场大规模战事结束后，总要收拾收拾战场，查看一下自己的收获，同时也要总结一下经验与教训。

在企业项目管理中，项目经理要以复盘总结作为项目的收尾工作，而不能单纯以项目目标完成作为工作的结束。总结复盘是一种让自己少走弯路，并提升自己项目管理能力的重要思维。

项目经理应用这一思维可以表现在两个方面：一个是项目总结会上的经验分享，一个是项目收尾阶段的归档总结。

作为项目的主导者，项目经理掌握了整个项目的进程信息，所有与项目有关的资料内容都要汇总到他的手中。在召开项目总结会之前，项目经理将所有与项目相关的内容进行总结复盘，这样他才能在项目总结会上进行分享，并更好地完成项目归档工作。

总结复盘是一种将项目经验提升为理论，或是总结出一套更具操作性的方法的过程，是为了后续项目开展做铺垫的工作。在项目总结会上，总结复盘表现为项目经验的分享。要实现这样总结复盘，在项目归档过程中，项目经理就需要以书面的形式将项目中的经验与教训写下来。

具体来说，一个项目如果成功了，那就要总结复盘它的成功经验。比如，它按照哪些流程来推进的，有哪些环节对项目成功是至关重要的，哪些经验可以应用到其他项目中……

成功的时候找方法，那失败的时候就要寻找一下原因了。对于失败的项目，总结复盘思维强调查找失败原因，加以分析，从而避免其他项目因为同样的原因而失败。吃一堑，长一智，总结复盘了失败的教训后，项目经理就不会再掉入同样的"陷阱"之中。

总结与思考

● 思考一下，总结复盘原则还可以运用到项目管理的哪些阶段或环节之中？

07

项目积分制度：项目管理中的"联赛制度"

内容提要：

1. 项目积分制度是项目管理中的重要激励制度，其既可以作为对项目组成员工作表现的一种量化评定，也可以作为项目成员管理的重要制度方法。

2. 项目积分制度通常与项目奖金分配相关联，合理分配项目奖金，也是保障项目效果的一项重要工作。

7.1　积分即是激励

足球比赛中有各种联赛、杯赛，像我们国家现在有中乙、中甲和中超联赛，亚洲有亚冠，欧洲有欧冠，世界范围内还有世界杯，为什么要举办这么多比赛呢？

这些比赛其实都是足球这项运动的配套制度，因为有这些比赛，才会有人组建俱乐部，然后为了争夺比赛的冠军而展开

> **项目积分制**
>
> 项目积分制是一种激励制度，积分就是价值，积分就是奖金，积分更是对项目组成员工作效果的一种评定。

竞争。国家足球队的较量也是在这种配套制度下进行的，如果没有奥运会和世界杯，那国家与国家之间也就只能踢踢友谊赛了。

这些比赛的排名制度会激励着球队去努力争夺冠军。在这一制度下，积分即是激励，积分可以反映项目参与者对项目作出的贡献，以及参与者在项目、部门、企业中的价值。

企业想要引入项目管理模式，也需要制定一些相应的配套制度，这就有了项目管理中的积分制度。这是一种将抽象内容具象化的方法，那些不好估量的工作贡献和价值，会被具体的积分量化出来，由此便可以轻松对比不同项目参与者对项目的贡献，进而做出进一步的奖惩操作。

一般来说，项目积分主要会覆盖三个角色：项目经理、任务经理和专家，项目积分衡量的就是这三类角色共同完成项目的价值与质量评估的综合得分，其中会涉及很多细节因素。比如，是否按时完成了项目，项目最终成果如何，这些因素都会影响到这三类角色在项目中的综合得分。

项目积分并不会覆盖项目总监和活动执行人员，并不是说这些人员在项目中没发挥价值，而是企业会有其他的激励机制去肯定他们的价值。比如，对于活动执行人员，他们在加班时会有加班补贴和各项福利，这算是一种对他们最

为直接的激励方式，对于他们来说，这要比用项目积分制更为有效。

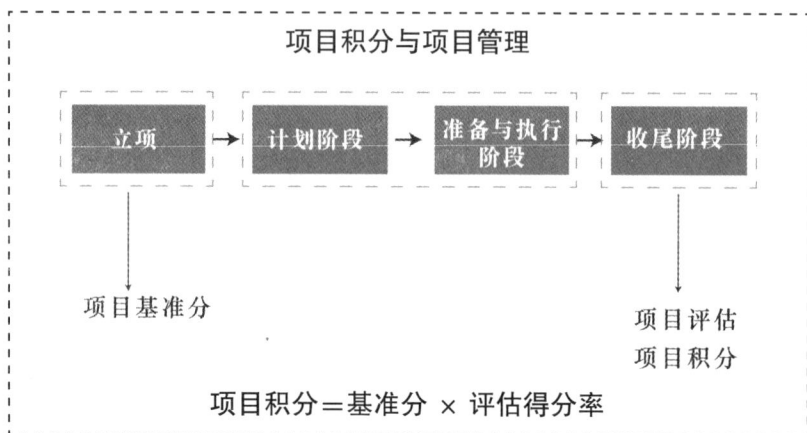

项目积分与项目管理

立项 → 计划阶段 → 准备与执行阶段 → 收尾阶段

项目基准分

项目评估
项目积分

项目积分＝基准分 × 评估得分率

☆ 项目积分制度贯穿于项目管理全流程，可以将项目中所有的工作都量化出来。

　　与活动执行人员相比，项目经理、任务经理和专家对项目的价值和意义要更大一些，他们对项目的某一环节或是整个项目起着关键作用，只要这几类角色能够高效完成自己的工作，那整个项目就不会出现太大的问题。所以，在项目运作工程中，用项目积分去激励他们是十分有必要的。

　　除了激励作用外，项目积分制还能起到一些显著的作用。

　　首先，如定义所说，项目积分制可以在项目执行结束那一刻，清晰地将项目运作过程中的所有事情都量化出来。这一点与民航所采用的积分制度颇为相似。

　　如果经常坐飞机出差，那可能会成为民航企业的银卡客户、金卡客户，甚至是白金卡客户，这是依据旅客坐飞机的时长来确定的。坐飞机的时间越长，积分就越高，同样客户等级也会变得更高，这些客户等级其实是在量化乘机人员对民航企业的贡献。

　　项目积分就像这些客户等级一样，它可以量化项目参与者价值的高低。同样是项目经理，一个人拿到了 90 个项目积分，另一个人却只拿到了 10 个项目积分，这中间 80 个积分差就是两个人对企业作出的贡献差值，也是两个人对企业的价值差值。

其次，项目积分制还可以打破部门之间"无形的墙"，加强各部门之间的分工协作。

如果没有项目积分制，想要度量一个项目中所有成员的贡献和价值就会很困难，因为这个项目中的成员可能来自不同部门，我们不能用市场部的标准去衡量行政部员工的工作能力。但引入项目积分制后，所有成员的贡献和价值就都可以用积分来衡定，而且各个员工之间协同配合得越好，他们的积分就会越高，这又会激励他们更好地通过协作来高效完成工作。

最后，通过项目积分制还能够有效评估各部门的人力资源情况。也就是说，在这一制度下，各部门滥招人、养闲人的情况就会得到有效遏制。哪个项目哪项任务需要多少人手来完成，通过年度全面项目积分统计都可以看得清清楚楚。如果项目管理者在配齐人手后依然无法完成工作，那就要考察一下项目管理者的管理能力了。

> **总结与思考**
>
> ● 思考一下，为什么项目积分制不覆盖到所有项目组成员，为什么不以项目积分来衡量活动执行人员对项目的贡献？

7.2　项目基准分的三个维度

项目基准分一般在立项的时候就要确定，这个项目对企业有多少价值需要用项目基准分来体现。

如果这个项目的基准分很高，那说明这个项目对企业的价值很高，完成这个项目对企业的意义也比较大；如果这个项目的基准分很低，那就说明这个项目对企业的价值不太高，但为了企业最终价值的实现，也有必要做好这个项目。

通过项目基准分，能够让所有人都看到各个项目对企业价值的大小。

那么到底要怎么来确定项目基准分才更为准确呢？凭感觉估算肯定是不行的，项目总监需要从时间、操作复杂度和是否可控这三个维度去进行综合判断项目基准分。

T：时间

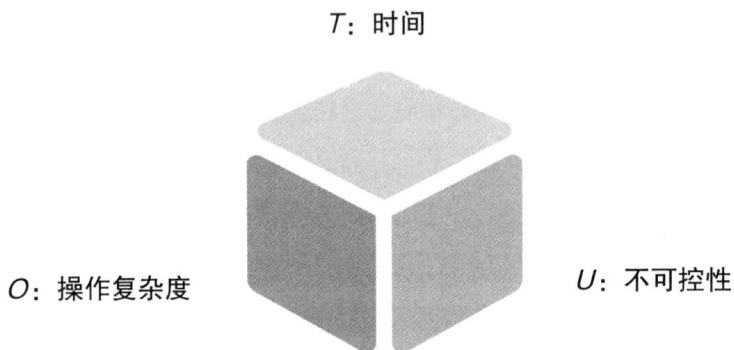

O：操作复杂度　　　　　　　　　*U*：不可控性

1. 时间

时间这个维度很好理解，这个项目从开始到结束一共要花多少时间。注意，这里的时间指的是整个项目的历时，而不是项目团队成员投入这个项目中的工作用时。

项目历时一定是比项目团队成员的工作用时要长的，整个项目过程的历时越长，也就意味着高效管理这个项目的难度越大，与之相适应的，它在时间维度上对应的分值就会越高。反过来说，如果一个项目的历时越短，那它在时间维度上的分值就会相对较低。

2. 操作复杂度

操作复杂度这一维度指的是开展这一项目有没有具体的理论指导，或是有没有书面化的流程指导，再或者是有没有一些曾经成功操作过取得了好结果的经验。在这里，项目管理者要对"理论"和"经验"这两个概念做好区分。

分值	5分	4分	3分	2分	1分
时间（历时）–*T*	大于 10 个月	8 ~ 10 个月	6 ~ 8 个月	3 ~ 6 个月	3 个月

☆　时间：考量要素是项目的历时，历时越长，管理难度越大。

这里所说的"理论"指的是企业曾经实践成功过的理论知识或较为成熟的方法论；而"经验"是什么呢？这里的"经验"指的是一种规律性的东西，它具有较大的偶然性。在"理论"的指导下，项目成功的概率是很高的，而在"经验"的指导下，项目成功的概率就不高了。这一点我们可以通过炒股票的例子来进行解释。

一般的股民在炒股时会凭感觉，这种炒股方法多半会让炒股者赔钱；那些自封的炒股大师在炒股时会依靠经验，这些炒股方法有时管用，有时不管用，这种偶然性经常也会让他们赔钱。像巴菲特那样的投资专家在炒股时会依靠理论模型，这种炒股方法大多数时候是管用的。一般情况下，依靠理论模型炒股，很少在股市中赔钱。

从上面的表述中可以看出，那些依靠经验去炒股的人，成功的概率只有40% 到 50%，而依靠理论模型去炒股的人，成功的概率会达到 80% 到 90%。这就是项目在操作复杂度这一维度上的表现。

需要注意的是，无论是经验，还是理论流程，都一定要实践过。只有那些经过实践，并且形成了书面化总结的理论经验，才具有参考性。而那些没有经过实践检验，没有形成书面化总结的理论经验，是没有什么参考意义的。

那么，在操作复杂性这个维度上，真正困难或者说值得给较高分值的项目是什么样的呢？没有理论、没有成功经验、没有经历过实践，这类项目操作起来就是非常复杂的。这种"三无"项目真的存在吗？相信在企业中摸爬滚打多年的管理者很清楚这类项目在企业中不仅存在，而且极其重要——所涉及的多是企业的战略性事务，对企业发展具有至关重要的影响。

在这些战略性项目中，"理论"更像是一个点、一种方法，而"经验"和"流程"更多的是过程，这些过程在一定程度下会上升为理论。第一次开展这类项目可能什么都没有，但第一次项目完成了，后面同类项目的操作复杂度就会有所下降，相应的这一维度的分值也会随之下降。

总的来说，操作复杂性这一维度就是这个项目你做没做过，你会不会管理。

做过了、懂方法，那在操作复杂性这一维度的分值就不会太高；没做过、没经验，那在操作复杂性这一维度上的分值就会高一些。

3. 不可控性

不可控性不是说这个项目多么困难、多么复杂而不好操控，而是说这个项目在管理起来是否轻松。

分值	理论	流程	成功经验
5分	×	×	×
4分	✓	×	×
3分	✓	✓	✓
2分	✓	×	✓
2分	×	✓	✓
1分	✓	✓	✓

☆ 操作复杂度——考量是否有理论体系、书面流程指导，或是曾经有成功操作经验，具体评分如下：

● 有理论——企业团队曾实践成功过的理论知识 / 模型；
● 有流程——企业团队曾实践过的书面流程；
● 有成功经验——企业团队曾经实践操作成功过，并存有书面总结。

不可控性这一维度中最主要的判定要素在人力资源上，如果这个项目由项目经理一个人来完成（当然，这是不太可能的），那它的不可控性就为零，因为项目经理只要管理好自己就行了，这是非常可控的；但如果这个项目需要其他部门的员工或第三方机构介入，那这个项目管理起来就会复杂许多，相应地，不可控性就会更高一些。

相比于同部门的员工，项目经理对其他部门的员工相对陌生，管理起来也会存在一定的困难，想要彻底控制所有项目团队成员也不那么容易，这时不可控性这一维度的分值就要给高一些；如果在跨部门合作的基础上，这个项目又要引入第三方机构，或者说要跟政府部门合作，那其管理难度就会进一步增加，这样不可控性这一维度的分值也就要再给高一些。

分值	5分	4分	3分	2分	1分
不可控性 $-U$	90% ~ 100%	70% ~ 90%	40% ~ 70%	20% ~ 40%	20% 以下

☆ 考量要素是项目需要与部门外部、企业外部协调的占比，占比越高，难度越大。

> ### 总结与思考
>
> ● 思考一下，在操作复杂性这一因素中，理论体系、操作指导和成功
> 经验哪一个更重要一些？

7.3　项目基准分评定实例

"年度行政日常用品采购"是每个企业都会有的一个常规性项目，下面我们就从三个维度上分析一下这个项目的基准分评定。

首先，在时间维度上，既然是年度项目，那这个项目就要从一个年头的第一个工作日开始，到年末收尾的最后工作日为止，这 12 个月的时间就是项目历时。

行政部的项目经理在一年时间里肯定不会只负责这一个项目，他既需要负责别的工作，还要管理好这个项目，所以在时间维度上，我们便可以将分值给得高一些，给到 5 分，因为历时越长的项目，管理起来的难度也就越大。

其次，在操作复杂性这个维度上，这一项目肯定是每个企业每年都要做的（刚成立的企业除外），所以大多企业都会有一些理论、经验和相对完备的操作流程，毕竟这是常规性项目，而不是战略性项目。

> **项目基准分的评定**
>
> 战略性项目的基准分普遍要比常规性项目高，这正是综合三个维度所得出的结果。

既然理论、经验和流程全都具备，而且还有相对成功的实践经验，以及书面化的内容总结，那这个项目的操作复杂度就没有那么高。相应地，我们在这一维度上给定的分值就可以相对低一些，给 1 分是比较合适的。

最后，在不可控性这个维度上，这一项目依靠行政部本部门的员工就可以完成，不需要去别的部门寻找外援，也不需要第三方机构介入，所以它的不可控性也不是很高，给 1 分是比较合适的。

这三个维度上的得分都有了，接下来要怎么计算总的项目得分呢？这三个项目基准分的评定维度并不是一个并列的关系，我们不能将它们简单加和，而是需要做乘法，也就是通过将这三个维度的得分相乘，进而得出最终的项目基准分。如此一来，上面这个"年度行政日常用品采购"项目的基准分就是 $5 \times 1 \times 1$，即 5 分。

按照卜面的项目基准分评定方法，我们再试着去评定一下"产品规划制定"这个项目的基准分。

"产品规划制定"项目所做的是一项从无到有的工作，需要根据当前形势和未来预期去建立一种原本没有的产品，所以按照项目类型来分，这一项目应该属于战略性项目。

首先，在时间维度上，既然是做产品规划，那这个项目的历时肯定是比较短的，没有哪个企业会用一整年来做产品规划，若要如此，那产品开发、产品上市、产品推广就没时间去做了。

"产品规划制定"项目所用的时间，就是制作一份规划文件的时间，这个时间一般会在一个季度之内，所以在时间维度的评分上，并不需要给太高，2 分就可以了。

其次，在操作复杂性这一维度上，有些项目管理初学者一看到这是战略性项目，就觉得其操作难度肯定很高，直接打 5 分吧！这种想法过于简单。在评定操作复杂度时，项目管理者要考虑的应该是这个项目是否有可借鉴的理论、经验和流程，而不能仅根据项目类型盲目的做出判断。

如果这个企业确实没有做过产品规划，那从战略角度去考量，既没理论，又没经验，还没有流程，那在操作起来就会很困难，给 5 分的评分就是合适的。如果这个企业做过同类的产品规划，或是知道制作产品规划的流程，那操作难度就会下降，相应的评分也要下降。

最后，在不可控性上，要考虑项目是否容易管理的问题。从这个项目来看，产品规划可能会涉及多部门协作，但并不需要第三方机构的加入，所以不可控性适中，给 3 分是比较合适的。

如此一来，将三个维度的评分进行计算，最终"产品规划制定"这个项目的基准分就是 $2 \times 5 \times 3$，即 30 分。

项目	历时 T	操作复杂度 O	不可控性 U
年度行政日常用品采购	12 个月	有理论、流程、经验	需要外部协助少于 20%
产品规划制定	4 个月	无理论、流程、经验	50% 的工作需要外部协助（市场调研公司）
新产品开发与上市	9 个月	有理论、无流程、无经验	80% 的工作需要外公司的配合（概念测试、产品测试、广告拍摄、委外生产）

↓

项目	历时 T	操作复杂度 U	不可控性 O	项目基准分 $T \times O \times U$
年度行政日常用品采购	5	1	1	5
产品规划制定	2	5	3	30
新产品开发与上市	4	4	4	64

通过这两个项目对比，可以发现，越是常规性项目，其基准分就会越低。并不是说这些项目对企业的贡献不大，而是因为这些项目经常做，操作复杂度和不可控性都相对较低了，这就好像卖油翁一样，熟能生巧，也就没什么复杂性和不可控性可言了。

反过来说，那些战略性项目的基准分之所以高，正是因为这些项目具有较高复杂性和不可控性。这其实也是这一项目自身价值的体现，对企业价值越高的项目，其基准分也会相对较高。

> **总结与思考**
>
> ● 思考一下，"新产品研发"项目应该属于哪类项目，其基准分应该如何确定？

7.4　项目基准分的分配比例

项目积分既然主要覆盖项目经理、任务经理和专家这三个角色，那项目基准分的分配也要围绕着这三个角色来做。

如果按照 100% 比例来分基准分，项目经理作为项目中最核心的角色，至少应该占到 50%，剩下的那 50% 的基准分则可以由任务经理和专家来分。项目经理要对整个项目负全责，要整合资源、沟通协调、管控全局，整个项目的推进都由他来主导，所以他占较多比例的基准分是合情合理的。

为什么说项目经理至少要拿到 50% 的基准分呢？这是因为在一些具体的场景下，项目经理可以拿到更多比例的基准分。

第一个场景是项目经理独自承担了所有项目任务，也就是说，项目总监把项目下达给项目经理后，项目经理不找任务经理，而是自己来做任务经理，通过活动执行人员和专家的协助，来完成整个项目。

在这种情况下，分配给项目经理的基准分肯定是要增加的，但并不是说 100% 的基准分全给他。这种情况下只能在 50% 的基础上，为项目经理再增加 20% 的基准分，这是项目经理可分配到的基准分上限。

第二个场景是项目经理并没有独立承担项目中的所有任务，而是只承担了一部分任务。比如，一个项目中 7 个任务，项目经理只承担了 5 个，那他能分配到的项目基准分比例依然是 50%，没有必要为他增加额外的基准分。

> **项目基准分的分配**
> 项目经理所能获得基准分比例的上限是 70%，得到这一比例前提是他一定要有多拿那 20% 基准分的能力。

还有一种场景是项目经理不仅负责自己的项目，而且还参与到了其他项目中，充当任务经理的角色。在这种情况下，他既可以获得在自己项目中担任项目经理的基准分，也可以获得在其他项目中担任任务经理的基准分。

除了这三种与项目经理相关的基准分分配场景，项目基准分的分配还可能会涉及项目总监这一角色——这是一种特殊情况，是当项目总监去扮演专家这一角色时，才会出现的情况。项目总监虽然不会获得基准分，但专家是可以获得基准分的，只不过这之中还有一些小的前提条件。

如果项目总监作为专家参与到本部门工作中，那他是不会被分配基准分的，因为给本部门项目经理提供智力和技术支持，本来就是项目总监的义务和责任。但如果项目总监作为专家参与到其他部门的项目工作中，那他就会获得作为专家的基准分。这个"跨部门"是项目总监分配积分的一个重要前提，需要特别注意。

在项目经理和专家之外，任务经理也需要获得项目基准分的分配，但具体能分配到多少，还要由项目经理来决定。

项目经理可以分配的是除了自己的 50% 以外部分的项目基准分，他可以将这些基准分分给专家，也可以分给一个或多个任务经理。在具体分多少这个问题上，项目经理既要有自己的主观判断，也要从任务难易度的客观实际出发，既要让任务经理能够接受，也要符合整体公平的原则。

总结与思考

● 思考一下，如果你作为项目经理，在分配完项目基准分后，任务经理觉得不满意，你会怎样处理这种情况？

7.5　科学计算项目积分

项目基准分是由项目总监在立项之初，基于项目的难易程度，以及企业价值的高低，估算出来的。而项目积分则是这个项目的最终完成情况，需要与项目基准分进行合并运算，才能得出最终结果。

这里需要用到前面提到的项目评估得分的计算公式：$Q=8X + 2Y - N$。这之中，Q 是项目评估得分，满分为 10 分，X 是目标达成率，Y 是按时完成情况，

N 则是违反《项目管理规定》的情况。根据项目开展实际，计算出项目评估得分后，再除以项目评估总分，并乘以项目基准分和对应角色的基准分比例，就能得出相应角色在此次项目中的最终得分。

下面我们以一个基准分为 100 的项目，来分别模拟一下项目经理、任务经理和专家所获得的项目积分的计算方法。

1. 项目经理所获项目积分计算

正常情况下，项目经理在项目基准分中的占比为 50%，也就是说，在这个基准分为 100 的项目中，项目经理能拿到 50 分。现在假设在项目结束那一刻，通过项目总监的评估，以及项目评估得分的公式，算出来这个项目得到了 9 分，那在此基础上计算出的项目经理的项目积分就为：$100 \times 50\% \times（9 \div 10）=45$。

项目积分计算方法

● **项目经理的积分**＝项目基准分 × 项目经理占比（上线 50%）×（项目评估得分 / 项目满分）

● **单个任务的积分**＝（项目评估得分 / 项目满分）× 单个任务基准分 ×（任务评估得分 / 满分）

备注：任务评估由项目经理根据任务目标达成情况、及时性、违规情况、任务经理配合度进行评分，满分为 10 分。

● **单个专家积分**＝（项目评估得分 / 项目满分）× 单个专家基准分 ×（专家评估得分 / 满分）

备注：专家评估由项目经理根据专家技术指导的专业性、配合度进行评分，满分为 10 分。

其他：

积分计算的结果保留两位小数，四舍五入。

2. 任务经理所获项目积分计算

任务经理的项目积分计算起来会有点复杂，它需要以项目评估得分除以项目满分，然后乘以单个任务的基准分，再乘以任务评估得分与满分的比值。这里有两个新的概念需要解释，什么是单个任务的基准分？什么是任务评估得分？

单个任务的基准分其实就是项目经理与任务经理约定好的针对单独任务的一个基准得分。举例来说，一个基准分为 100 的项目，项目经理拿到 50 基准分，给专家 10 基准分，那剩下的 40 基准分就是项目中所有任务的总基准分。如果这个项目正好有 4 个任务，并且这 4 个任务的难易程度都基本相同，那就可以平均分配这 40 基准分，每个任务的负责人可以获得 10 基准分，这 10 基准分便是单个任务的基准分。

任务评估得分由项目经理给出，项目经理以项目评估得分的评判标准为任务经理的工作评分。具体来说，项目经理需要根据目标的达成状态、时间、预算，以及任务经理与自己的配合度等因素来对任务经理在项目中的表现进行评判。

通常来说，单个任务的评估分最高也为 10 分，项目经理需要根据任务具体的完成情况给出适当的评分。如果任务被延期了，但顺利完成了，那项目经理可以扣掉相应的分数；如果任务不仅延期，还没顺利完成，那扣掉的分数就要多一些。

这样来算，如果按照上面单个任务基准分为 10，任务经理的任务评估得分为 9 来计算，那一个 100 基准分的项目，任务经理的项目积分就为：$9 \div 10 \times 10 \times 9 \div 10 = 8.1$。

3. 专家所获项目积分计算

专家的项目积分同样有一个公式，就是用项目评估得分除以项目满分，乘以单个专家基准分，再乘以专家评估得分与满分的比值。如果按照上面的例子，单个专家的基准分为 10，专家的评估得分为 9 来计算，那个一个 100 基准分的项目，专家的项目积分就为：$9 \div 10 \times 10 \times 10 \div 10 = 9$。

可以看出，在这三个公式中，都有一个项目评估得分除以项目满分，这是从总的项目效果出发，对参与项目的三个角色的考量。这一考核参数的存在，也会让这三类角色更能意识到项目的成功需要他们共同努力，如果项目评估得分比较低，那他们自己所获得的积分也会受到影响。因此，通力合作、高效完成项目便会成为他们共同的奋斗目标。

总结与思考

● 思考一下，项目评估分与项目参与者的最终项目积分之间存在怎样的关系？

7.6　项目积分制应用实操

我们以一个"中秋节活动策划"项目为例,来详细介绍一下项目积分制的应用。

参与这个项目的角色有四个，项目经理小王，任务经理小李，任务经理小朱，专家小程；项目历时是一个半月；项目目标是完成策划方案，并落地实行。这些便是项目的基本情况，下面来看看如何一步步应用项目积分制。

1. 确定项目基准分

项目积分制应用的第一步便是从三个维度来确定项目基准分，这其实是有一个标准化的表格的，项目总监可以将项目的实际情况带入这个标准化的表格之中，然后从三个维度上给出相应的分值。

第一步 : 项目基准分值计算

维度	时间（T）	操作复杂性（O）	不可控性（U）
分值	1 分	4 分	4 分

☆ 项目基准分值：$T \times O \times U = 1 \times 4 \times 4 = 16$ 分

"中秋节活动策划"项目历时一个半月，按照标准化的表格来算，时间维度的分值是 1 分；操作复杂性上可以给 4 分，因为这个项目虽然有理论，却没有流程和经验；不可控性上给 4 分，因为这个项目与第三方机构合作的情况是比较多的，所以在不可控性上也是相对较高的。所以经过计算，这个项目的基准分为 $1 \times 4 \times 4 = 16$ 分。

2. 确定项目基准分分配比例

项目积分制应用的第二步是确定项目中各个角色能够分配的项目基准分比例。以项目经理拿 50% 项目基准分来算，在这个项目中，项目经理能够分配到的项目基准为 8 分。那剩下三个人如何分配呢？这需要考虑他们所负责的工作，尤其是任务经理小李和任务经理小朱所负责工作的差异。

项目经理小王仔细考虑了项目中的各项任务，并与小李和小朱达成一致意见，因为小李负责的任务历时较长、操作难度也相对较高，所以小李分配到 3 分项目基准分，小朱则分到 2 分项目基准分，而剩下的 3 分项目基准分，自然就要分给专家小程了。

第二步：项目经理与任务经理、专家基础分计算与分配

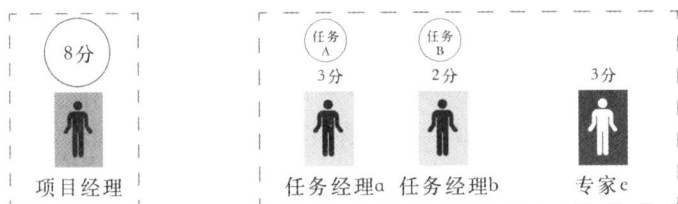

项目经理基准分：$16 \times 50\% = 8$　　任务经理、专家总基准分：$16 - 8 = 8$

3. 项目最终评估得分测算

项目积分制应用的第三步是确定最后的项目积分，这一步是最为复杂的，所涉及的内容也相对较多。

在项目基准分分配完之后，小王、小李、小朱和小程几个人便开始通力合作，最后成功策划出活动方案，完成了这个项目。这时候项目总监刘总就要根据立项时的项目单，去考察项目的完成情况，并对项目的得分进行评估了。

一般来说，在应用项目管理方法推进项目时，预算超支的情况是很少出现的，所以这里我们假设预算不超支，只从时间等维度上考虑项目资源的使用。

第三步：项目评估

项目完成情况信息
- 达成目标数：3 个（计划目标数：4 个）
- 实际完成天数：50 天（计划目标天数：45 天）
- 违规情况：出现 2 次违规

按照项目评估得分的公式 $Q = 8X + 2Y - N$ 来计算，项目总监刘总还需要考虑目标达成率 X，按时完成情况 Y，以及违规情况 N 的具体数值。这里面还要考虑项目变更时的扣分问题，具体可以参照项目评估方法一节的内容来操作。

假设上面这个项目有 4 个目标，但最后只完成了 3 个，那目标达成率 X 就为：$3 \div 4=0.75$；而原定 45 天完成的项目，最后用了 50 天才完成，那按时完成情况 Y 就为：$1-（50-45）\div 45=0.89$；因为存在两项违规情况，每一次违规扣 0.1 分，所以 $N=0.2$。如此，项目的最终评估得分为：$8 \times 0.75+2 \times 0.89-0.2=7.58$。

从这一步便可以大致判断这个项目的完成情况了，通常来说，单个项目的满分是 10 分，而及格分是 5 分。如果某个项目的最终评估分得了 5 分或是 5 分以下，那这个项目就算完成了也是失败的，参与项目的人就拿不到奖金。

上面这个项目的最终评估得分是 7.58 分，是高于 5 分的，但距离 10 分还有一段距离。所以说他们算是成功完成了这个项目，只不过完成的并不是那么完美，他们是可以分到一定的奖励的。

4. 项目积分计算

得出了项目最终评估得分后，如果高于 5 分，就可以带入前面提到的各个角色的项目积分公式中，来计算不同角色的项目积分了；但如果等于或低于 5 分，也就没必要进行第四步了，可以直接去写项目总结报告了。

现在假设任务经理小李从项目经理小王那里获得了 9 分的任务评估得分，而任务经理小朱只获得了 7 分的任务评估得分，专家小程因为表现突出，获得了 10 分的专家评估得分。据此，带入公式中，便可以计算出各个角色在此次项目中所获得的最终项目积分。

项目经理小王所获得的项目积分为：$7.58 \div 10 \times 50\% \times 16=6.06$。

任务经理小李所获得的项目积分为：$7.58 \div 10 \times 3 \times 9 \div 10=2.05$。

任务经理小朱所获得的项目积分为：$7.58 \div 10 \times 2 \times 7 \div 10=1.06$。

专家小程所获得的项目积分为：$7.58 \div 10 \times 3 \times 10 \div 10=2.27$。

上述这些积分便是 4 个员工通过这个项目为企业创造的价值，既然为企业创造了价值，那自然要获得相应的奖励，这些积分便是分配项目奖金的依据。

接下来只要用企业的"奖金基数"乘以各位成员所获得的项目积分，就能得到他们在此次项目中获得的最终奖金了。任务经理小朱的项目积分仅有小李的一半，那他能够获得的奖金也要占小李奖金一半。

总结与思考

● 试着就手头的一项工作，以项目积分制的实操方法来算一算各个负责人员的最终积分。

7.7　项目积分与项目奖金分配

引入项目积分制的目的是更好地用积分来展现员工对企业的价值，那当这种价值展现出来之后，企业就应当对员工进行一定的奖励。下面主要说一下与项目积分相挂钩的项目奖金分配问题。

这里的"项目奖金"并不是说项目完成之后为企业创造了多少价值，根据价值贡献把通过项目获得的利润分一部分给员工；而是在项目立项之前就确定好的项目奖金，就是说还没有立项之前，企业就要确定好拿出多少钱或多大比例的利润作为项目奖金。

项目奖金要在制定年度计划时就确定好，随着企业的年度计划表出炉，每个项目积分所对应的奖金系数也就确定了。这里的"奖金系数"是由企业愿意从下一年度利润中拿出的奖金总和，除以年度计划中下一年度所有项目基准分的总和，而得出来的。奖金系数是单个积分可匹配的奖金数额，奖金系数乘以某个角色的项目积分后，就可以算出这一角色应得的项目奖金。

奖金分配的数额问题解决了，企业还需要确定奖金分配的周期，是按月发放，还是按季度发放，又或者是按年度来发放。奖金分配周期的长短不会影响奖金的发放，

项目奖金分配

项目奖金的分配周期不宜过长，以年度为周期来划分时，一定要考虑好团队成员的稳定性问题。

但会影响不同角色积分的累积。

　　如果按月来发放奖金的话，那某个角色可能在这段时间里就担任了一个任务经理，并成功拿到了与职责相对应的项目积分，那在发放奖金时，直接用项目积分兑换奖金就可以了。

> 　　一家企业预计下一年度的净利润是 1 亿元，为了更好地实现这一目标，企业管理层决定拿出利润的 10%，也就是 1 000 万元作为总奖金。而在年度计划中可以看出，这个企业在下一年度一共有 50 个项目，每个项目的基准分都有所不同，算下来所有项目的总基准分为 7 500。这样用总奖金 1 000 万元除以总基准分 7 500，得出来的 1 333 元就是单个积分所对应的奖金数额。

　　如果按照季度或年度来发放奖金的话，那可能这个角色在第一个月在某个项目中担任了任务经理，并获得了项目积分；到了第二个月他又在某个项目中担任了项目经理，也获得了积分；到了第三个月他又在新的项目中担任了专家，又获得了积分。这样一来，要怎样为他发放奖金呢？很简单，等到季度末时，把他所有的积分加在一起，兑换成相应的奖金就可以了。

　　不论是按月发放奖金，还是按季度、年度发放奖金，项目小组成员的积分都会累积计算，这些都是他们为企业创造的价值，理所应当获得相应的奖励。

总结与思考

● 思考一下，为什么项目奖金的发放周期不能过短，也不宜过长？

━━━ 课后延伸 3 │ "不可不防"的常见项目管理流程问题 ━━━

在项目管理过程中，有一些常见问题是不可不防的。另外，不同的项目可能会遇到不同的问题，应对和解决好这些问题，是项目管理成败与否的关键。

问题一：团队成员对项目目标理解不一致，有劲儿没往一处使，怎么办？

王老师点评：

想要让团队成员更好的理解项目目标，项目经理需要做好以下两点工作。

第一，组建团队，越早越好。团队组建得早，团队成员就能更早地接触到产品需求，从而更好地围绕产品需求建言献策；团队组建得早，还可以让团队成员尽早熟悉彼此，更好地展开合作。

第二，尽早明确项目目标。目标明确得早，团队成员就更容易将精力聚焦在一点上，比如，当前的产品主要是为了满足当前用户互动需求的，那团队成员就会更加关注项目的进度，尽快尽早地高效完成项目工作；如果当前产品是为了满足用户应用体验的，并不急于推出，那团队成员就会将更多的精力用在提升用户体验上。

问题二：项目周期太长，计划和安排很难一步到位，如何解决？

王老师点评：

解决这一问题，首先要了解项目管理中的"计划"是什么，同时了解"计划"要怎么做。

项目经理和项目团队成员都应该清楚，项目计划完成时间并不是单一的时间点，它是一个浮动的区间，可能会发生变动。项目初期制定的计划也许并不准确，却是我们开展项目工作的一个必要依据，我们可以依靠它预知未来的风险，也可以依靠它来调整项目资源的配置。

至于项目计划要怎么做，还需要分阶段来确定。项目初期团队成员要经常碰面，最好以"天"为单位推进工作，沟通得越频繁，项目推进效率就越高。

项目日程的创建，很难一步到位，一个月之内的日程要具体到每天，一个月之外的日程可以用单双周来展现。项目计划中的日程安排要尽量具体、实用，可以不规划太过长远的日程，但眼前的日程安排一定要足够细致。

问题三：项目最终成果很难达到预期，该如何解决？

王老师点评：

项目最终成果没有达到预期，就要回溯到项目过程中，找到出问题的地方。这就需要在项目开展过程中，预留出足够的时间，来检视项目各个阶段的工作。

此外，在每个项目阶段结束后，也要预留出一些时间，来回溯整个阶段的项目工作，尤其是要关注项目中的里程碑事件，看是否存在问题。

这些工作需要项目团队中的全体成员共同参与，需要每一个项目团队成员都融入项目之中，这样大家才能看清楚项目的全貌，才能了解到项目各阶段的关键所在。

附:《项目流程制作说明》

| 1.明确流程目标、输入与输出 | 2.根据经验列出活动，制定流程草稿 | 3.选取关键必要的活动，简化流程 | 4.制定活动标准，并撰写必要说明 | 5.设计活动配套的工具表单、图示/图片 | 6.测试流程 |

1. 明确流程目标、输入与输出

流程目标：一般即为任务目标。

流程的输入：即流程的触发点，一般为前一个任务的结束信物或者相关联任务提出的需求，以表单等形式传递。

流程的输出：即结束信物。

2. 制定流程草稿

写出流程的步骤动作。主语都是流程负责人，可省略，结构为"动词 + 宾语"。

流程符号系统：

符号	名称	含义
⬡	开始	流程开始
▭	活动单元格	处理程序
◇	判断单元格	判断、选择或决策
▭	结束	流程结束
→	流程箭线	指示路径

注意事项：

（1）只有一个起点和一个终点

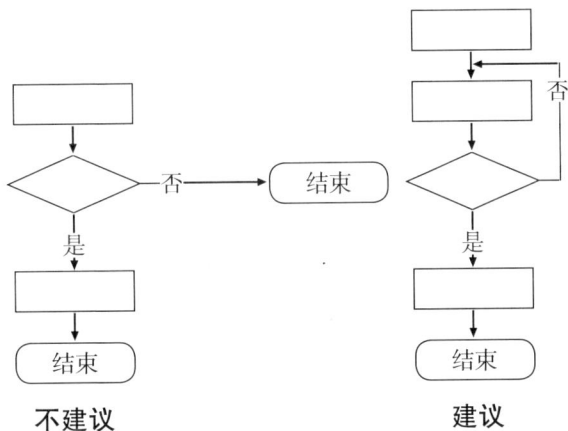

不建议　　　　　　　　　建议

（2）每一个表示步骤的单元格的上下两端各有一个流程箭线箭头的入口和出口，左右两端不应有箭头的出口、入口。

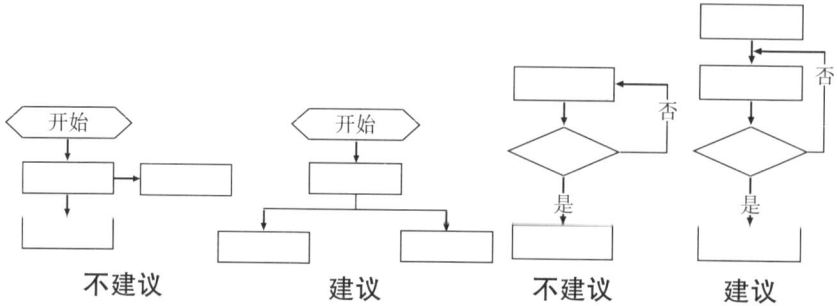

（3）不以判断结果作为结束前的最后一个活动。

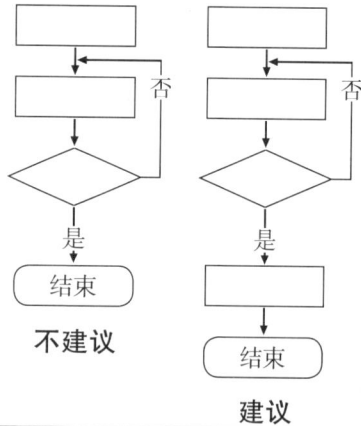

3. 制定活动标准，并撰写必要说明

（1）活动标准：关于工作质量的统一约定，指完成该活动步骤所需的时间、质量等要求。

要求：可执行、可量化、可简易评估。

（2）活动说明：常见问题和注意事项的说明。

要求：表述简洁、具体，避免使用形容词、副词；

　　　　如内容较多，可制作成文书，作为"工具"附件。

4. 设计活动配套的工具表单、图示 / 图片

表单设计：便于信息交流、传递。

要求：清晰、准确、正确、简洁。

5. 测试流程

目的：确定可用于试运行的参考流程。

方法：询问一个人或多个人对于参考流程活动描述的理解，判断流程操作者对于流程活动描述的理解是否与流程建立者的理解一致。

4

第 4 部分

项目价值厘清与项目技术原则

08

项目计划书前两个步骤：
厘清项目背景、目的和目标

内容提要：

1. 项目的价值可以依靠项目价值八步法来厘清，这八个步骤紧密关联，是前期科学调研工作中最主要的工作方法。

2. 项目的价值必须量化，体现在项目管理方法上，就是每个厘清项目价值的环节都要进行量化表述。

无论是大企业，还是中小微企业，在进行项目管理时，都会面临将"工作"转变为"项目"的难题。想要搞清楚"什么样的工作能够转变为项目"这一问题，首先要搞明白在企业的诸多工作中，哪些是有价值的，哪些是没价值的。

企业的工作存在即是合理，但这并不意味着这些工作都有意义，至少并不意味着这些工作都有转变成项目的价值。企业项目的价值是可以衡量的，管理者需要用一些技术方法来量化项目的价值。

企业项目化管理提倡用项目价值厘清八步法来量化项目价值，这八个步骤是一个流程性内容，彼此之间关联紧密，是项目立项阶段之前，前期科学调研工作最主要的工作方法。

8.1　确认客户

确认客户是项目价值厘清的第一步，如果连客户是谁都不知道，那项目价值是什么也就无从谈起了。

企业管理者要清楚，任何项目都不是为了满足自我需求存在的，而是为了满足客户需求而存在的。这就说明，想要找到项目存在的价值，首先要找对客户，在找对客户的基础上，才能进一步去了解客户需求，以及项目的价值。

> Photolite 成立于 1980 年，主要从事制造和销售照相机、摄影器材业务，经过多年发展，2015 年该企业的销售额已经增加到 1 600 万美元。但让人担忧的是，从 1996 年开始，该企业的市场占有率逐渐下降，如果状况再得不到改善，企业就很可能会被其他较大厂商合并或收购。
>
> 为渡过这段困难时期，该企业改进了生产线，确立了新镜头项目。这是一种可以用在市场上最畅销照相机上的镜头，样品的精密度很高，如果最终生产出来的镜头能够与样品一样，那在美国，中央情报局甚至是政府的卫星制造商们将会成为这款产品最大的潜在客户。

很明显，Photolite 所开展的新镜头项目是有着明确的目标客户的，正是存在如此庞大的潜在客户群体，这个新镜头项目才得以开展。

在企业项目管理中，项目的客户主要来自三个方面，一方面是企业内部领导，比如，总裁或总经理；一方面是来自各个部门，更多的是前端部门为了满足市场需要，对后端部门提出一些需求；最后一方面是企业的直接外部客户，这些用户可能是 b 端的，也可能是 c 端的，主要根据企业的业务类型来确定。

为了完成企业年度计划，需要开展一些项目

企业内部领导

直接外部客户

为了满足市场需求，需要开展一些项目

各个部门

为了满足企业或个人的需求，需要开展一些项目

	说　明	格　式
确认客户	项目来自"客户"的需求，包括但不限于： ·企业领导者 ·各个部门 ·终端客户	·客户名称 ·项目名称

企业项目的客户基本上就来自这三个方面，找到客户后，一定要通过书面化的方式将客户具象下来，比如，市场部就写市场部，营销部就写营销部，外部客户就直接将外部客户的名称写出来。在书写相关内容时，一定要按照固定的格式填写。

总结与思考

● 思考一下，当前你正在开展的工作，是为了满足谁的需要？谁又是你的客户？

8.2　确认需求

确认需求是项目价值厘清的第二步，这是在找到、找对客户的基础上，开展的第二项工作。客户到底有什么样的需求，它是想提升什么？还是想建立什么？又或是想降低什么？搞清楚这一点，才能继续向下开展项目价值厘清的工作。

Mannix 主要为世界各地企业提供 IT 业务解决方案，多年来，该企业一直专注于资源规划系统（ERP 系统）的开发。

ERP 系统是一套可以协调业务解决方案所需的所有资源、信息和活动的企业信息系统，企业中的每个部门都可以用其进行信息存储和检索工作。

Prylon 想要 Mannix 为其设计和安装一个简单的 ERP 系统，Prylon 曾从其他软件商那里购买过一些 ERP 系统模块，并试图将这些模块集成到一个数据库中，但始终没有成功。

为了拥有一个完整的 ERP 系统，Prylon 与 Mannix 达成合约，Prylon 要求 Mannix 重新整合这些 ERP 系统模块，如果整合失败，那 Mannix 公司有权删除这些模块，并重新设计数据库。

对于 Mannix 来说，Prylon 的项目需求很简单：整合现有的 ERP 系统模块，构建一个完整的 ERP 系统，如果现有模块无法整合，那 Mannix 可以自行重新设计数据库。只有搞清楚这一需求，Mannix 才能顺利开展项目。

通常情况下，确认客户和确认需求是同时进行的。客户本身就是带着需求来的，项目管理者只要把客户的需求搞清楚就可以了。

具体来说，项目管理者要了解客户的需求包括几项内容，这些内容在书面化的过程中需要明确哪些问题。

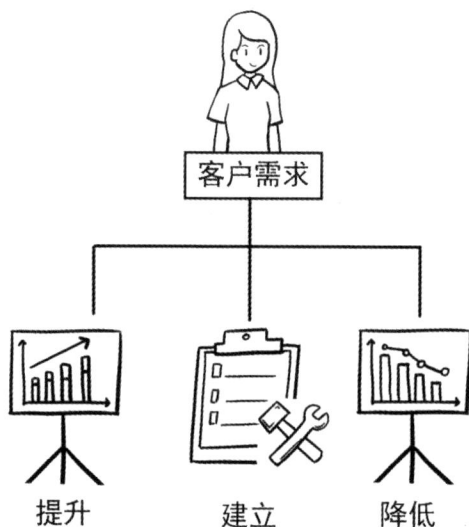

- 提升：业绩水平、顾客满意度、品牌信誉度……
- 建立：财务管理制度、绩效考核制度、人才选拔制度……
- 降低：生产成本、次品率、差评率……

比如，客户要求通过这个项目从无到有地建立一个产品，那我们只需要写清楚建立这项内容，客户不需要提升什么，也不需要降低什么，所以只要记录好建立的内容就可以了。

但有的客户会要求提升经济效益，降低生产成本……客户提了这么多需求，项目管理者就需要先去甄别，再去记录。一个项目是否能够解决客户如此多的需求？客户所想的是不是太过理想化？如果项目管理者断定一个项目无法满足客户的诸多需求，那就要及时与客户沟通，而不能盲目去立项。

	说　　明	格　　式
确认需求	项目最终目的都是满足"客户"的需求	通过本项目的执行： ·建立 ××× ·提升 ××× ·降低 ××× ·维持 ×××

这就是确认客户需求的过程，项目管理者需要从客户那里获得尽可能多的需求信息，然后对这些信息加以甄别。做好了这一阶段的工作后，项目管理者便可以着手去量化客户的期望状态。

总结与思考

● 思考一下，在当前工作中，你所服务的客户的具体需求是什么？请用正确的格式将客户需求表达出来。

8.3　量化期望状态

这是一个精准了解客户具体需求标准的过程，项目管理者需要把客户的需求量化为最终状态，这一状态是项目可衡量、可评估的交付验收标准。完不成这一环节的工作，后续的项目推进是无法进行的。

这种量化期望状态其实很好理解，以房屋装修为例，我们在装修房子时，一定是先看设计师给的装修图纸或效果示意图，在我们认可后，施工队才能进入房子里面施工。

等到房子装修完成后，我们还是需要根据装修图纸或效果示意图来对照装修后的房子，若结果跟装修图纸一样，那这次装修便达到了客户的期望状态。所以前面设计师出具的图纸就是量化了客户的期望状态，它是可衡量、可评估的。

量化期望状态强调的是精确度，这种精确度也体现在寻找客户和确认客户需求上。在书面化这一内容时，项目管理者一定要注意内容书写格式，对项目成果描述得越精确，就越有利于项目的后续推进。

项目量化前

客户的需求可能并不精确、并不完整，如果不对这些需求进行量化，那项目总监就只能对着这些"杂乱无章"的需求做计划，这样很容易出差错。

通过对客户需求进行量化，项目总监可以清楚地了解客户需求的优先级顺序，并以此来更高效地完成立项工作。

项目量化后

比如，在搞清楚客户需求是提升某类产品的重复购买率后，项目管理者需要继续量化客户的期望状态，即，具体要把这类产品的重复购买率提升多少？如果客户说"要把重复购买率提升不低于 20%"，那项目管理者还要继续追问，这个重复购买率具体可以精确到何种程度，客户的最低标准和最高标准是什么……

这之中还有一个比较重要的细节需要项目管理者多加留心，那就是客户需求是否有数据支撑，是否是可计算的。

上面提到的"重复购买率提升不低于20%"，这个 20% 是怎么来的，项目管理者一定要问清楚。如果客户能够给出一系列数据，给出相应的计算公式，说明这是一个可评估的量化结果，那这一数值便可以作为量化的

量化期望状态

项目的最终状态一定是可衡量、可评估的，如果达不到这种标准，那就要继续对客户需求进行量化。

最终状态；但如果这只是客户随口说的一个数据，那这个数据是不能作为量化的最终状态的。

	说　　明	格　　式
量化期望状态	通过调研，完成对客户需求的量化描述	量化的成果描述，如： ·建立企业战略管控体系 ·提升 A 产品重复购买率 30% ·降低客户投诉率 5% ·维持员工满意度不低于 80%

还有一种情况是确认量化的最终状态需要花费大量时间和资源，如果需要投入的成本已经超过了项目本身的价值，那这个项目的开展也就没什么意义了。所以项目管理者和客户一定要确保这种量化的最终状态是可衡量、可评估的，这样的项目才具有开展的价值。

最终书面化的内容一定要足够精确才行，如果无法量化为具体数值状态，项目管理者则要把最终量化状态的内容写得尽可能详细才行。比如，客户需求如果是建立一个企业战略管控体系，那在量化期望状态时，项目管理者就要把这一体系所包含的具体内容全部记录清楚。

总结与思考

● 试着对当前工作的客户需求进行量化描述，并按照正确格式写出来。

8.4　量化现状

提到量化，就离不开数据，量化期望状态需要数据，量化现状更需要数据。如果说量化期望状态所面对的是未来，那量化现状所面对的则是过去和现在。

在量化现状时，单纯选用客户近一年的数据会导致结果不够精确，所以最好选用客户近三年的数据。从过去到现在，通过数据分析来量化客户的当前状态，并与客户期望状态进行对比，这便是量化现状环节的主要工作。

当前，许多企业缺少调研能力，在开展工作时，习惯于盲目推进，这种工作方式的效率是非常低的，想要做好企业项目管理工作，就一定要有收集数据的意识。

在书面化过程中，量化现状并不能单纯依靠一些数据来展现。在具体表现形式上，它可以采用"从 0 到 1"的方式描述，如"目前企业缺乏战略管控体系"；也可以采用"从 1 到 n"的方式描述，如"目前该产品的重复购买率为 15%"。

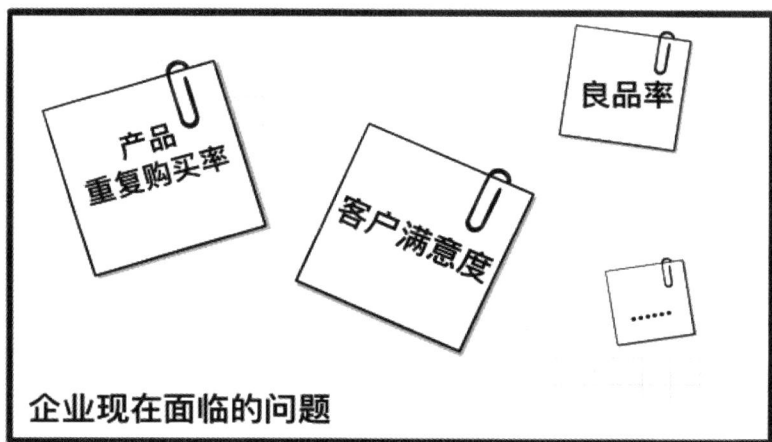

企业现状要"量化"

因为客户期望状态在前面已经确定好了，现在使用这种方式来描述量化现状，就能使二者形成一种很明显的对比。

	说　　明	格　　式
量化现状	通过调研，完成对实际现状的量化描述	量化的现状描述，如： ·目前企业缺乏战略管控体系 ·目前 A 产品重复购买率为 18% ·目前用户投诉率为 12% ·目前员工满意度为 80%

在此基础上，项目管理者还需要多考虑一些量化现状的完整性问题。比如，当客户的需求为"降低用户投诉率"时，项目管理者在量化现状时，除了要找到用户投诉率的相关数据，还应该去看一看用户的退换货次数、退换货金额等数据。

这属于一种量化现状的延伸思考，对于后续项目价值厘清工作是非常有帮助的。对量化现状描述得越清晰，就越有利于后续去分析根因和确认解决方案。

> **总结与思考**
>
> ● 试着用上面提到的量化现状方法，对当前工作的现状进行量化，并将其与前面的量化期望状态进行对比，找出自己需要努力的方向。

8.5 分析根因

在量化根因之前，项目管理者需要对量化的客户现状和客户期望状态进行对比。对比过程中会应用到一些数据模型，对比之后会找到一些现状与期望产生落差的原因，项目管理者需要从这些原因中筛选出根因来。

所谓根因，就是指导致某件事情发生的主要原因，只有从众多原因中找到主要原因后，才能有针对性地确定解决方案。

☆ 导致"企业效益较低"的原因有很多，生产成本过高、生产效率过低、产品缺少竞争力、管理方法有问题……项目总监需要从这些原因中找出最根本的一个，围绕这个根因制定出的方案才能从根本上解决问题。

根因与项目的相关度最高，对项目的影响也是最大的。项目管理者在确定根因时，不妨问自己两个问题：如果这个原因被我解决了，那项目会不会从现状直接达到期望状态？如果这个原因被我解决了，会不会有其他类似的情况再次出现？

如果解决这个因素后，项目直接就达到了期望状态，那这一因素便是根因；但如果解决了这个因素后，项目并没有达到期望状态，或者说又出现了其他新的情况，那这一因素可能就不是根因。

项目管理者在寻找根因时，会存在一定的主观性，这是很正常的。但管理者一定要

> **分析根因**
>
> 根因是引发某件事情的众多原因中最为主要的一个，找准这一原因，才能更好地确定问题的解决方案。

清楚，自己的主观究竟是罔顾事实的主观，还是基于数据分析的主观。只有从数据事实出发的分析才站得住脚，也只有兼顾客观的主观才有说服力。

	说　明	格　式
分析原因	分析出导致现状与期望产生落差的主要原因通过调研得出，导致落差的主要原因（相关度最高的）	量化的根因描述，如：活动前 1 天没有就活动信息对客户进行提醒

总结与思考

● 试着找出当前工作中存在的影响工作达成期望状态的根本原因，并将其按正确格式准确表述出来。

8.6　确定解决方案

确定解决方案是针对根因提出解决方案，最终的解决方案一定要量化到位。涉及时间要具体到哪天，涉及人员安排则要具体到某个人，涉及某种工作方法

也要清楚明白地表述出这种方法。

	说　　明	格　　式
确认解决方案	针对根因，提出解决方案	量化的解决方案描述，如： 2020 年老客户感恩节促销活动开始的前 1 天，必须由各店店长通过电话提醒已邀约的客户

以上面提到的促销活动为例，当确定其根因为"活动前 1 天没有就活动信息对客户进行提醒"后，相对应的解决方案便可以确定为"由各店店长通过电话提醒已邀约的客户"。这算是一个相对精细的解决方案了，它要比直接用"各店在活动前 1 天就活动信息对客户进行提醒"这种解决方案的效果要好很多。

那为什么前一种解决方案的效果要更好呢？

首先，前一种解决方案对解决问题的角色做出了特殊约定，即由"各店店长"提醒已邀约的客户，这就是说，普通店员是没权力提醒客户的。对于客户来说，由各店负责人亲自提醒，也会显得更有面子一些。

其次，前一种解决方案还对解决问题的特定方式做出了规定，即"通过电话提醒"提醒已邀约的客户，也就是说，各店店长并不能使用微信等方式提醒客户，一定要通过电话亲自沟通邀约。

相比于后一种解决方案，前一种方案显然要更为明确，无论是约定角色，还是约定方式，都会让项目推进得更为顺利。

总结与思考

● 试着对当前工作中存在的根本问题提出解决方案，并以量化的方式将其表述出来。

8.7　制定目的

所有的项目工作都不是凭空确立的，这一项目之所以要做，是因为我们对工作的结果有所期待，是因为我们要通过这项工作解决某个问题。如下图所示，同样一个项目，目的不同，所用到的工作方法就会有所不同。

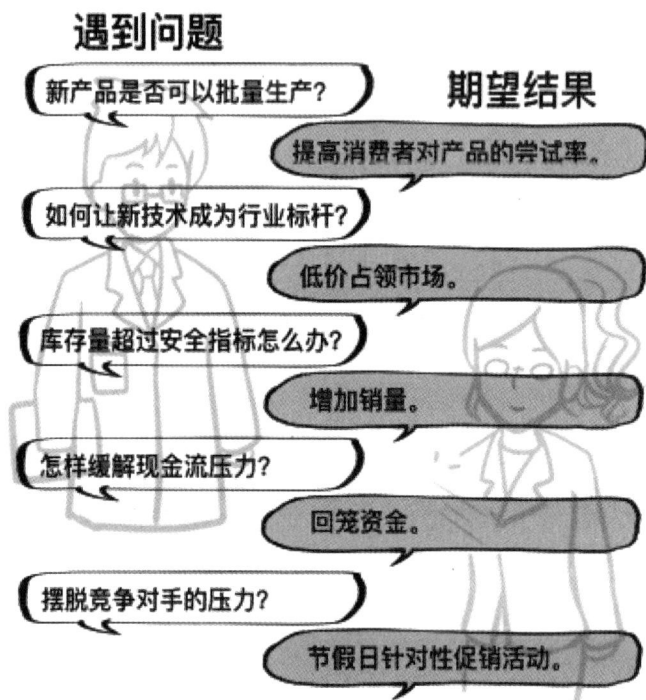

如果前面六项工作都已经做到位了，那指明目的这项工作就会简单很多。项目的目的多由一些定性词语组成，它不需要用数据，也不会太过明晰，更多是从解决方案和期望状态中抽提出的一些关键词语。

	说　明	格　式
制定目的	抽提出解决方案的关键词＋期望状态的关键词	完成 +3~5 个关键词＋项目名称，如：完成蓄客提前的、活动信息通知到位的、现场人员足够的、转化率达标的 2020 年老客户感恩节促销活动转化率提升

在前面提到的促销活动中，"由各店店长通过电话提醒已邀约的客户"是

解决方案，那在指明目的时，便可以从这个解决方案中抽提一些关键词，即"活动信息通知到位"，这便是从解决方案中抽提出来的一种定性的目的表述。

总结与思考

● 试着从前面列出的解决方案中量化抽提出一些关键词，对当前工作的目的进行定性描述。

8.8　制定目标

制定目标的工作一般会与确定目的同时进行，因为二者要形成一一对应的关系。如果说目的是一种定性的表述，只要将关键词表达正确便可以，那目标就是一种定量的表述，其一定是可量化、可评估、可操作的。

	说　　　明	格　　　式
制定目标	1. 与关键词一一对应 2. 现实可行 3. 可量化 4. 可评估	指标 + 数值，如： 1. 在 2020 年老客户感恩节促销活动开始的前 1 天，必须由各店店长通过电话提醒已邀约的客户 2.…… 3. 促销活动转化率不低于 35%

项目目标的确定依赖于前面六个环节，从确认客户到确定解决方案，其中确认客户需求和量化期望状态是项目目标的主要来源。

将买车作为一个项目，我们已经确定了"性价比高"是这个项目的一个目的，那如何确定与之相对应的目标呢？

比如，客户打算用 10 万元买一辆低油耗的车，其量化期望状态是花费 10 万元，买一辆百公里油耗 6 升的汽车，那与"性价比高"这一目的相对应的目标便是"裸车价格 10 万元，百公里油耗 6 升"。

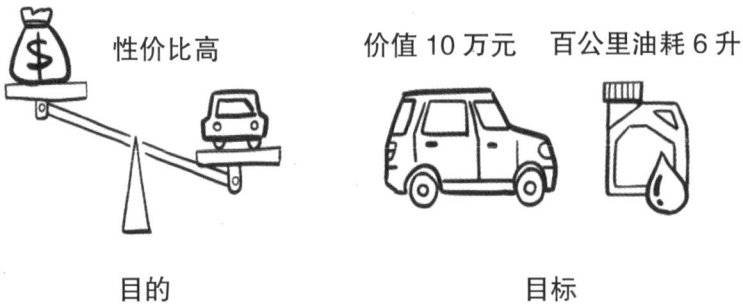

性价比高　　　价值 10 万元　百公里油耗 6 升

目的　　　　　　　　　　　目标

目的与目标在表述上的差异

想要科学地确定项目目标，就要用到 SMART 原则。这一原则共有五个方面的内容，其具体应用如下所示。

SMART 原则			
原则一	S（Specific）	明确性	指目标设定要切中特定的工作指标，不能笼统
原则二	M（Measurable）	衡量性	指目标表现是数量化的，验证这些绩效指标的数据或者信息必须用数字描述
原则三	A（Attainable）	可实现性	指目标在付出努力的情况下可以实现，避免设立过高或过低的目标
原则四	R（Relevant）	相关性	指目标与其他指标的关联情况，可以证明和观察，避免设定无用的目标
原则五	T（Time-bound）	时限性	注重完成目标的特定期限

错误：加强与客户的联系与沟通	
正确：与目标客户进行商务信函沟通，并按月完成客户信息反馈表统计	

S 分析 ➡ 标准模糊，应提出具体的衡量标准或实施路径

错误：与客户经常联系并深度沟通	**M** 分析	目标表现未量化，无法核正
正确：与目标客户每周至少通信一次，并按企业标准建立客户档案		

错误：与重点客户主要负责人及家人每周聚餐两次	**A** 分析	目标无法实现或者资源消耗过大
正确：重要节日发短信问候重点客户的主要负责人		

错误：了解客户信息，每天坚持看新闻两个小时	**R** 分析	看新闻与客户联系沟通关系性极弱
正确：每日访问客户网站至少一次，收集客户最新信息		

错误：最大努力争取与客户签单	**T** 分析	没有时间限制，工作内化，无法核正
正确：在3月1日～4月1日期间完成与某客户的产品代理合同签订		

项目的目标多是结果性的，其书面化的表达形式多与客户期望状态的量化表述一致。在前面促销活动的例子中，"活动信息通知到位"是一个目的，那"邀约率达标"就是与之相对应的目标，具体这个"邀约率达标"所指代的数值是多少，还要根据客户需求、量化期望状态、量化现状、分析根因和确定解决方案等几个环节的内容来确定。

总结与思考

● 试着以"指标＋数值"的格式来描述一下当前工作的具体目标。

8.9　项目经理与项目总监的对话

项目价值厘清工作是由项目总监来主导的，在厘清项目价值，完成项目立项后，项目总监便要将项目交到项目经理手中，由项目经理去运作。在交接的过程中，项目经理与项目总监就要开始对话了，对话的内容主要围绕项目的背景、目的和目标展开。

没有来源的工作不能做，没有价值的工作也不能做，想要将这个工作当成项目去做，就要将项目的背景表达清楚。项目管理者对整个项目的最终状态要有一个清楚的认识，项目目的目标就是对项目最终状态的一种定性和定量的表述，在项目单上需要按固定的书写格式规范填写。

通过项目价值厘清八步法，项目总监已经从客户那里完全了解了项目的背景、目的和目标，他除了要在项目单中详细描述这些内容，还需要通过沟通和对话，向项目经理传递这些内容，使项目经理在制定项目计划书时，不至于选择错误的方法和方向。

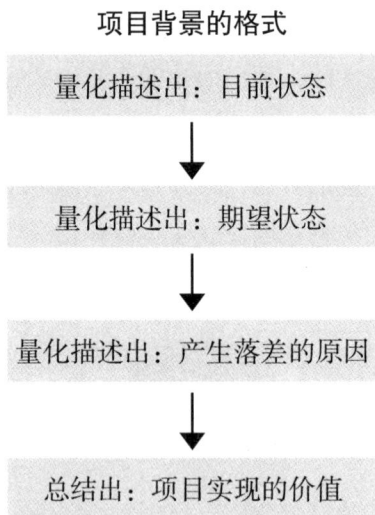

项目背景的格式

量化描述出：目前状态

↓

量化描述出：期望状态

↓

量化描述出：产生落差的原因

↓

总结出：项目实现的价值

对于项目经理来说，从项目总监手中接过项目单，并签字确认的那一刻，这个项目就已经全权由他负责了。他可以通过项目单的描述来确定项目的背景、目的和目标，也可以通过前期调研，或是与项目总监对话的方式去了解这些内容。

不管双方的对话由谁发起，最后的结果都要保证项目经理能够了解清楚项目的背景、目的和目标。在这一基础上，项目经理才能去制定项目计划书，并设计相应的项目运作方法，来将这个项目做成。

项目经理与项目总监的对话应该是持续性的，不能只停留在传递项目背景及目的、目标这一阶段，在项目运作的各个环节中，项目经理都要与项目总监保持对话，这应该成为项目总监的一种习惯。

当然，这种对话应该是针对项目的平等对话，不能变成下级向上级的工作请示，项目经理要对项目负责，而不是对项目总监负责。

总结与思考

● 试着按照项目背景的格式来描述一下当前工作的项目背景。

09

项目计划书第三个步骤：确定项目技术原则

内容提要：

项目技术原则是一种重要的风险预防机制，在项目运作前先约定好具体的标准和法则，在项目运作中遇到相应情况，就要按约定的方式去执行，这就是制定项目技术原则的意义所在。

9.1　技术原则就是以史为鉴

在确认完项目的背景、目的和目标后，项目经理不能急着带领项目小组成员去推进项目，而是要让所有的项目参与者都了解这一项目的技术原则有哪些。

项目的技术原则是项目风险预防机制，是项目执行中所依据的法则或标准，主要来自过往的经验和教训，是一种经过积累沉淀的、具有一定规律性的标准，其对于项目运作具有很强的指导意义。

用"以史为鉴"来形容技术原则的定义是颇为贴切的。借助于项目技术原则，我们在项目运作过程中，可以少走一些前人走过的弯路，可以越过一些前人掉入的陷阱，可以显著降低项目运作的风险，提高项目运作的成功率。

> **项目技术原则**
>
> 项目技术原则设计得越详细，项目执行过程就会越顺利。当然，计划赶不上变化，这种顺利大多时候也只是理论上的顺利。

具体来说，技术原则就是一种事先约定的法则和标准。在项目运作前先约定好法则，所有项目参与者在项目运作过程中，遇到相应情况，都要按约定的方式去执行，防止出错。

一个项目中可能会约定许多技术原则，有些情况没有发生，那这个技术原则就不必应用；一旦发生了约定情况，那项目参与者就一定要按照技术原则的约定去做。

技术原则是没有弹性的，它不是汽车轮胎，而是汽车轮毂，一旦遇到约定的情况，就要按照约定的方法去做，不能随意改变。

对于项目经理来说，设计技术原则就是在"填坑"，在项目没有启动之前，他就需要尽可能多地预测出项目运作过程中可能出现的"坑"。项目经理可以根据旧有项目的开展情况来预测，也可以根据自己多年的项目管理经验来预测，无论借助于哪种方法，找到"坑"，并将"填坑方法"表述清楚，是他在项目计划阶段的又一项重要工作。

　　将"填坑方法"表述清楚会涉及技术原则的撰写格式问题，这是颇为重要的一项内容，如果项目经理撰写出来的技术原则没办法被项目小组成员理解，那他找到再多的"坑"，想到再多的"填坑方法"也毫无意义。

　　项目内容撰写格式的重要性并不只体现在项目技术原则这里，在所有需要书面对接的地方，都要注意内容格式的撰写问题。解决撰写格式的问题，除了在书面用语方面更准确、更细致外，还需要用日常沟通对话加以补充。

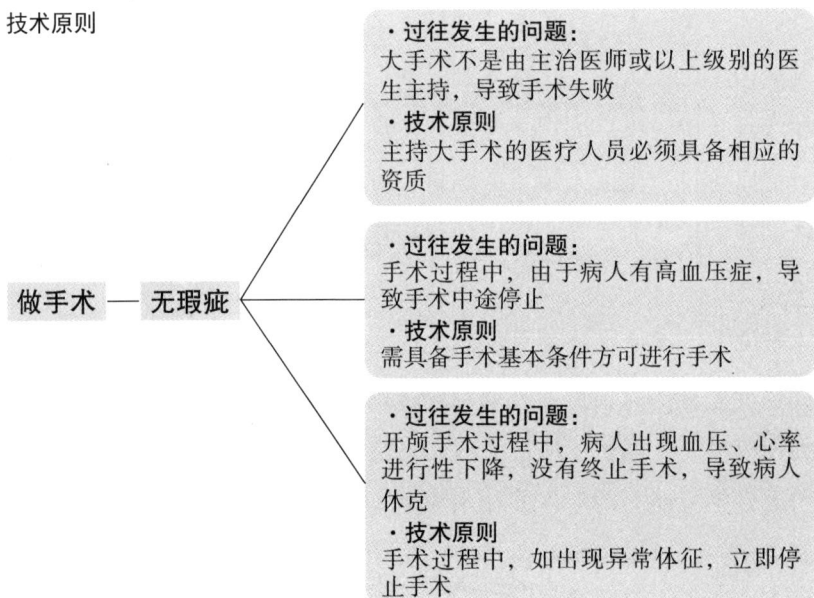

技术原则

做手术 —— 无瑕疵

・**过往发生的问题：**
大手术不是由主治医师或以上级别的医生主持，导致手术失败
・**技术原则**
主持大手术的医疗人员必须具备相应的资质

・**过往发生的问题：**
手术过程中，由于病人有高血压症，导致手术中途停止
・**技术原则**
需具备手术基本条件方可进行手术

・**过往发生的问题：**
开颅手术过程中，病人出现血压、心率进行性下降，没有终止手术，导致病人休克
・**技术原则**
手术过程中，如出现异常体征，立即停止手术

总结与思考

　　● 试着从旧有的工作资料中寻找对当前工作有益的经验，看看哪些经验可以作为技术原则总结下来。

9.2　从足球比赛中得到的启示

> 在一场足球比赛中，教练员会针对对手的特点，提前为球队布置战术，是采用全攻全守的打法，还是采用防守反击的打法，都取决于对手的特点。
>
> 对于教练员来说，根据过往的经验与教训，球队在面对强队时，选择防守反击的打法更有胜算一些。在明知拼进攻拼不过对方的情况下，防守反击能够降低己方失误率，同时利用对方失误，为己方创造进球得分的机会，是一种颇为有效的打法。

企业项目管理者应该好好跟足球教练学习一下，利用过往的经验与教训，来降低项目的出错率。从过去的错误中提取经验与教训，将其变成新项目中的必要技术原则，当再次遇到同样的问题时，就能避免出现同样的错误。

时间、质量、费用
最短时间、最好品质、最低成本，这种要求说起来容易，做起来可难如登天，将这种客户要求作为技术原则是不明智的。

当然，项目中也有一些技术原则并不是来自过往的经验与教训，它可能是在项目开展之前，客户所提出的一种强制性要求。

比如，客户提出在项目推进过程中，时间稍微延长些没什么关系，但项目的质量必须达到某个标准。如果客户能够明确提出具体的标准，那这个标准便可以作为技术原则的另一项内容，它并非来自过往的经验与教训，而是来自一种行政级别的强制性规定。

这种来自客户的强制性要求，主要是表现在时间、质量和费用的权衡上。这些内容都可以成为技术原则，但需要注意的是，如果将这些内容都变成技术原则，比如，要求项目实现最短时间、最好品质和最低成本，那是肯定是没办法做到的，作为项目经理绝对不能接受客户的这种要求。

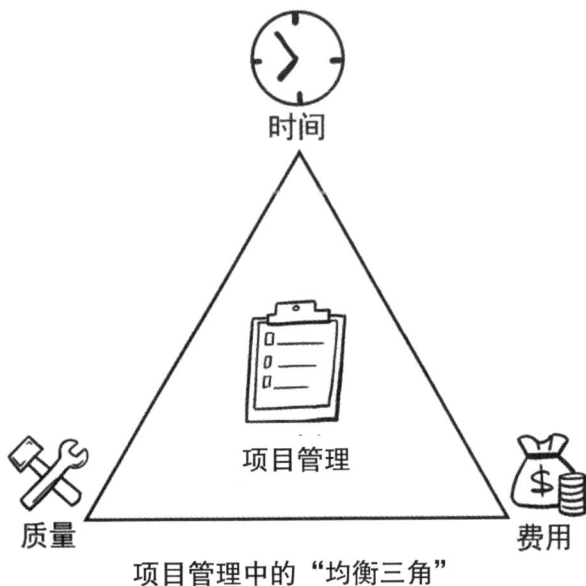

项目管理中的"均衡三角"

做项目管理的人都很清楚，时间、质量、费用这个均衡三角，让一个角向外延伸达到极致是容易的，让两个角超出范围的延伸也是可以做到的，但如果想要让三个角都向外极致延伸，那就是违背客观规律的，是绝对无法实现的。

总结与思考

● 试着分析一下，当前工作对于时间、质量和费用的要求，哪一点可以作为技术原则，应用到后续工作之中？

9.3 调研，调研，还是调研

项目的技术原则并不是凭空出现的，它可能来自过往的经验与教训，可能来自企业领导的命令，也可能来自客户的强制要求，这些都是有事实依据的，需要项目经理自己去实地调研发掘。

调研是一种最为高效的方法，无论是正式调研，还是非正式调研，项目经理都要尽力去收集记录信息，然后从各类信息中思考整理出必要的项目技术原则。

具体来说，与项目技术原则相关的调研可以从以下三个方面来着手推进。

> **项目调研**
>
> 调研工作应该贯穿项目管理的始终，调研分析得来的资料信息，是做出判断的重要依据。

技术原则—步骤

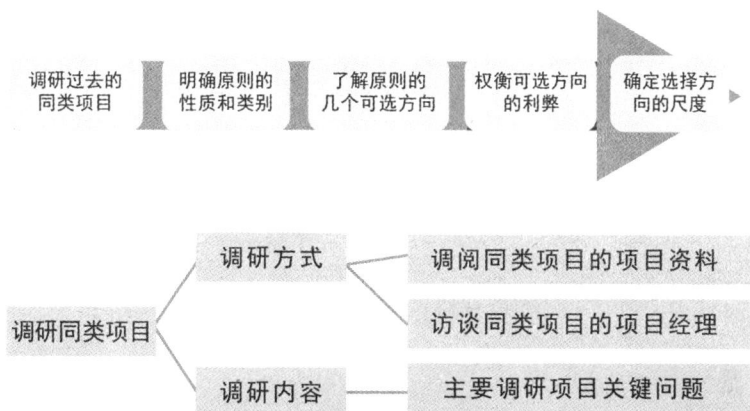

第一个方面是以项目总监下达的项目单为基础，对项目总监开展调研访谈工作。

立项前，项目总监会在厘清项目价值的过程中，通过调研对项目有了充分的认知。到了项目经理这一步，他便可以通过与项目总监的沟通，来深挖一些项目运作中的细节问题。由此可以看出，从项目总监那里吸收信息，并展开进一步调研工作，是确定项目技术原则的一个重要步骤。

第二个方面是对企业过去的同类项目展开调研。比如，企业今年确立了一个办公用品采购项目，那相关负责人便可以通过现有资料，对去年或更早之前的办公用品采购项目展开调研。这其实就是一个资料调阅的过程，在这个过程中，项目经理可以轻松地发现以往同类项目所遇到的困难和陷阱，进而确立出项目的技术原则来。

对项目总监

·通过对项目总监的调研，可以获取与项目相关的各种信息，这是确定项目技术原则不可或缺的重要步骤。

对过去的
同类项目

·对企业过去同类项目的调研，是一个资料调阅的过程，项目经理可以在这个过程中发现以往项目曾遇到的困难与陷阱，并以此来确立当前项目的技术原则。

对做过同类项目的
管理人员

·对做过同类项目的管理人员的调研，主要是获取一些项目开展的建议，以及旧有项目开展过程中的一些技术原则。

第三个方面是对做过同类项目的管理人员展开调研，其目标主要是熟悉项目运作的项目经理们。从他们那里，项目经理不仅能够获得旧有项目开展过程中的一些技术原则，还可以得到更多获取项目信息资料的建议，这对于确立现有项目的技术原则是很有帮助的。

项目技术原则调研的主要内容是项目开展过程中的难点和风险点，这些内容是实现项目效果最大的阻碍。除此之外，项目经理还可以对项目中一些自己把握不准的问题展开调研，搞清楚这些问题的来龙去脉。

在完成调研工作后，项目经理要将技术原则落实到纸面上——按照通用的撰写格式表述出来。如果能够将内容量化表述得更加清楚，就要将内容全部量化出来，这样才能让项目小组成员了解技术原则的具体内容，才能让他们在项目执行过程中更加谨慎、更加认真。

总结与思考

● 试着综合各方面的有益经验，总结出一些技术原则，以帮助自己更好地开展后续工作。

■■■■ 课后延伸 4 ｜如何运用项目价值厘清八步法 ■■■■

根据本章内容，选择某一项目，试着完成项目价值厘清八步法的完整撰写。

项目总监小吴：

	修改前	修改后
确认客户	客户名称：销售部 项目名称： 新产品中试 SOP（Standard OperatingProcedure，标准作业程序）流程的建立	客户名称：销售部 项目名称： 全品类《新品中试 SOP 流程》的建立

王老师点评：

"新产品"未定义，是否全品类，从项目名称上就要表述清楚，完整全面的项目名称是对客户的一种尊重。

项目总监小吴：

	修改前	修改后
确认需求	将现有的生产经验进行总结梳理，建立新品中试 SOP 流程	将现有产品中试流程所涉及的所有部门内部流程进行收集、梳理、提炼、修订及总结，验证并建立《新品中试 SOP 流程》用于 5 月之后缩短新品中试整体时间

王老师点评：

可适当对客户需求进行更为精确的描述，描述得越准确，越有利于后续工作的开展。

项目总监小吴：

	修改前	修改后
量化期望状态	1.通过本次新品测试全过程管控，优化及总结，形成中试 SOP 流程 2.中试过程里的研发、生产、验收等总体时间，原来平均 90 天，现在缩短 25% 完成 公式：（原中试平均时间－流程后中试时间）/ 原中试平均时间 = 百分比	1.通过本次对各部门内部流程的提炼，串联成为《新品中试 SOP 流程》预案，并通过本月新品中试、测试及修订，建立《新品中试 SOP 流程》 2.希望通过《新品中试 SOP 流程》达到新品中试全程时间降低的结果，原来无流程运行的情况下，平均总时长不可控，均超过 90 天，现在能够控制在 70 天以内完成

王老师点评：

可以轻松理解的概念没必要用公式表示，缩短 25% 的工时为何不直接用具体时间表示？我们说"量化"就是一定要让对方看到就能明白，不要再给对方什么公式，去让人家计算了。

项目总监小吴：

	修改前	修改后
量化现状	1.目前研发端 30 天左右、采购及生产验证 30 天以上、采购及原料检测 10 天、试生产 10 天左右、成品检测 10 天左右，一共 90 天 2.现有中试过程中，有很多等待工时未被利用上，有多项任务串行未能前置或并行，效率低下，以至于目前中试全过程需要近 90 天 3.包括研发、生产、采购、质检、仓储之间的关键要素节点不明确，前端环节耗时过长，导致后端生产和检测的时间只有 10 天左右，严重不足，且往往延期	通过提前进行内部访问和调研得出： 1.各部门现有内部流程不完整甚至有缺陷，部门内部流程完整度约 80% 2.各部门之间的工作流程了解程度约 10% 以下 3.各部门处事被动，互相协作时等待信息传递的情况占 90% 4.生产计划下达时间为不可控条件，一般为 30 天以上 5.作为工作源头的研发部门内部流程规定，在生产计划下达前不予下达《生产作业指导书》，导致下游部门采购和生产的产前验证工作能启动的部分为 0 6.生产前必须做产前验证工作，否则生产进程无法启动 7.接到生产计划如果能直接进入生产环节，无须再等待产前验证，将可以节约 30 天的生产总时间

王老师点评：

1."有很多等待工时"的表述不够量化，既然第 1 条都量化出了具体时间，第 2 条就不该用非量化的表述。

2."有多项任务串行"同样表述得不够量化，既然提到了这一点，不如直接指明这些任务。

3."效率低下"表述不妥，这类含有贬义的词汇不够量化，放在这里也没有意义，指代很不明确。"目前中试全过程要 90 天，正常只要 60 天就可以"直接表述出来既能体现效率低下的问题，又足够量化，不是更好吗？

4.不要让与客户价值没有关联的内容影响分析，"节点不明确"表述的依然不够量化。

项目总监小吴：

	修改前	修改后
分析根因	1.因为没有流程约束，各部门之间衔接不清楚 2.由于没有有效利用计划下达之前的空档期做验证并行，导致下游部门接到计划后需要在产生过多的验证时间 3.研发部门因为自己的工作习惯，未把生产作业指导书下发前置到计划之前，以至于其他部门无法启动后续相关测试任务，无效等待时间过长	1.了解研发部工作流程后，《生产作业指导书》的下达为研发部工作完成的时间节点，一旦下达即可让后续生产及采购部门了解产品中试所需一切的相关信息。而研发部认为生产计划的下达时间不可控，无须立即制作《生产作业指导书》，这样可以将精力投入其他研发工作上，故研发部现有流程规定：收到生产计划后予以制定及下达《生产作业指导书》 2.生产及采购部门，在没有收到生产计划的情况下，不会主动对将来可能生产的产品进行研究并实行产前验证，想把更多的时间用在现有的生产及采购上——以上两点造成上游不给，下游不要的沟通真空 3.虽然各部门现在基本都有流程，但没有用于整个新品中试的标准流程，解决跨部门协作的工作流程来指导及约束

王老师点评：

1. 是"有流程没约束力"，还是"没流程约束"，这一点要说清，流程一定是书面化内容，既有步骤，又有标准。

2. 分析根因一定要把话说清楚，"空档期"是多长时间，"过多的验证时间"是多长时间，这些内容一定要说清楚。

3. "研发部门的工作习惯"同样没有表述清楚，"其他部门"也可以把部门直接表述出来，"无效等待时间过长"要注意量化。

项目总监小吴：

	修改前	修改后
确定解决方案	1. 修改研发作业节点，将原来产品的口味确认为节点，改为下发生产作业指导书为节点，可让后续任务并行，大量节约后续环节工时 2. 将生产验证时间前置，省去下计划到生产质检的验证时间，可以缩短 15 ~ 20 天 3. 将采购供应商提前进行，打样验证时间前置，时间可以缩短 20 ~ 25 天 4. 研发部下发生产作业指导书时，须提前召开生产工艺、设备匹配需求推演会，可提升试生产成功率且缩短后续工时，预计缩短至少一次测试时间约 3 ~ 5 天	1. 一周内整理全部相关部门现有流程，查漏补缺，使部门内部流程完整度达到 100% 2. 3 天内总结部门流程并提炼形成《新品中试 SOP 流程》，以会议形式学习并颁布，让所有部门 100% 清晰自己及其他配合部门的工作流程，并结合绩效促使各部门主动完成信息的传递，将流程总时间控制在 70 天以内 3. 修改研发部流程，将《生产作业指导书》下达工作提前至生产计划之前，研发确认完毕后 2 个工作日内必须下达至生产及采购部，并确认接收回复，让生产及采购的产前验证工作得以提前开展 4. 生产及采购部门需在接收到《生产作业指导书》要求后，2 天内启动产前验证工作，在 25 天内完成从生产计划到立即生产工作，节约出至少 30 天的产前测试时间

王老师点评：

1. 不要写过多无意义内容，确定节点后能节约多少后续环节工时，在这里不如表述清楚些。

2. "缩短 20 ~ 25 天"所对应的是根因中的哪一条？这就是前面提到的根

因没有量化，最后确认解决方案的时候就会很突兀。

3."提前"要量化出来，多早才算提前，按时间来算，比原定时间早 1 秒也算提前，但显然这是毫无意义的。

项目总监小吴：

制定目的	通过最多 2 次的生产测试，在 4 月 30 日前验证完成并验收《新品中试 SOP 流程》，迎接 5 月份后的新品中试任务
制定目标	1. 参与新品中试的所有部门需要完成内部流程，并形成可公示的书面标准文件 2. 控制流程总时长在 70 天内 3. 通过《新品中试 SOP 流程》预案生产测试，通过率需为 100% 4. 行政部组织《新品中试 SOP 流程》学习及颁布，并要求涉及部门人员考试通过率为 95% 以上

王老师点评：

项目价值厘清八步法的内容并不难理解，这就会导致很多管理者在应用时不太重视这种方法，出现内容叙述不完善、书写格式不规范等问题，在项目管理中一定要多加重视这些问题。

在项目管理过程中，量化是非常重要的，上到项目总监，下到活动执行人员，都要将具体的工作量化，这样他们才能高效顺畅地沟通，项目也才能有条不紊地推进。

5

第 5 部分

关键路径图设计与项目任务列表

10

项目计划书第四个步骤：设计项目关键路径图

内容提要：

关键路径图是以项目关键节点为核心，依据时间次序排布的，一个具备可行性的项目过程。这个项目过程从项目立项开始，经过一个又一个项目关键节点，最终指向项目目标。项目关键路径图是一个单向的项目行动计划图。

10.1　朝着胜利的方向，没有回头路

设计项目关键路径图，就是要让项目行动计划能够做到每一步都落地、每一步都有成果，最终步步为营地实现项目目标。

> **项目关键路径图**
>
> 项目关键路径图是一条"单向车道"，没有岔口，也无法掉头，这是设计关键路径图的基础，也是衡量关键路径图的标准。

如果这一关键路径图设计了五个关键节点，那这五个关键节点必须是按照一定的顺序排列的，在项目执行过程中，只有执行完前一个节点任务才能去执行下一个节点任务，而不能在执行完第二个节点任务后，再转头重新执行第一个节点任务。

一个完整的关键路径图是没有回头路的，这就像盖楼房一样，盖好了一层框架后，才能去盖下一层的框架，而不能先盖下一层，再回来盖这一层。不能有回路是对项目关键路径图的结构设计要求，有无回路也是衡量关键路径图好坏的标准之一。

关键路径图示例		
	正确	**错误**
示例一	A → B → C → D	A → B → C → D
示例二	A、B、C、D（无回路）	A、B、C、D（有回路）

☆　一般来讲，关键路径图中不允许存在回路，也就是说，我们只能沿着一个方向前进，而不能在某个"里程碑节点"之后逆流回到它的前置状态。

从价值层面上讲，设计项目关键路径图是为了让整个项目开展得更有计划性，也是为了让项目小组成员知道整个项目的行动安排。

在项目管理中，"有什么工作做什么工作"的思想是要不得的，每一个项目小组成员都应该清楚明白地知道自己负责的工作。项目小组成员都是关键路径图上的重要一环，只有他们都高效地完成工作，项目才能顺利地推进下去，直至最终实现项目目标。

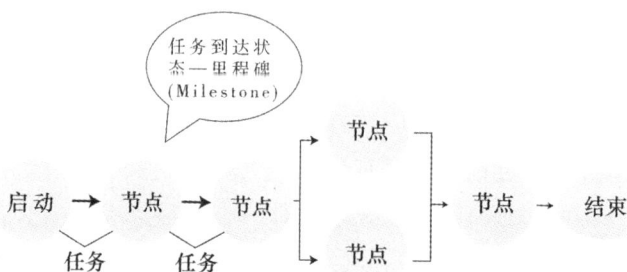

关键路径图格式

基于这种思考，项目关键路径图便成了项目计划书中至关重要的一项内容，项目经理只有设计好关键路径图，并且把图上的关键节点事件都解决好，才能最终达成项目目标。

总结与思考

● 试着从当前工作中找到几个重要环节，并将其按完成先后顺序串联起来，看一看是否能够找到完成工作的"关键路径"？

10.2 怎么做好一张项目关键路径图

一个部队如果没有战略战术，即使拥有更多的武器资源，也很可能会输掉战争。

项目经理带着团队开展项目工作，如果没有关键路径图，那团队成员们就只能跟在项目经理后面，只知道埋头工作，而不知道

关键路径设计图

用更高的效率去获取最好的节点效果，是项目关键路径图设计的最终目标。

为何工作，也不知道工作到何时，这样工作的效率会非常低。

想要更好更快地完成项目，关键路径图是必须要做的，这跟上战场打仗之前，要仔细布置战略战术一样。

项目是非常复杂的事情，如果用较低的效率去完成项目，那结果也会很不理想，所以项目经理需要用关键路径图将项目拆解得更简单，将资源运用得更高效，这样才能保证项目目标效果的实现。

从一方面来讲，设计项目关键路径图的过程，就是从项目目标出发，将项目分解为一个个任务的过程。想要实现项目目标，有哪些事是必须做的？这是项目经理首先要考虑清楚的问题，因为项目经理需要据此来将整个项目拆解为一个个任务。

在这一过程中，项目经理需要考虑"完成每个任务可以获得的成果"，这些成果便是关键路径图上的关键节点，确定好这些关键节点后，整个项目的执行过程就会变得更加可控，"填坑寻宝"这个活动也才能真正开展下去。

从另一方面来讲，设计项目关键路径图的过程，也是从项目目标出发，协调好资源配置的过程。在将项目拆解为任务后，项目经理还要考虑完成相应任务所需要的人、钱和时间等资源，把这些资源算好后，比对当前可投入的资源，项目经理对任务成功的概率也就有了大致的判断。

能否合理利用资源来保障项目执行效率是衡量一个项目经理是否称职的重要因素。如果项目经理觉得以现有资源很难完成任务，那他就要考虑是否增加资源投入，来保证高效完成任务。

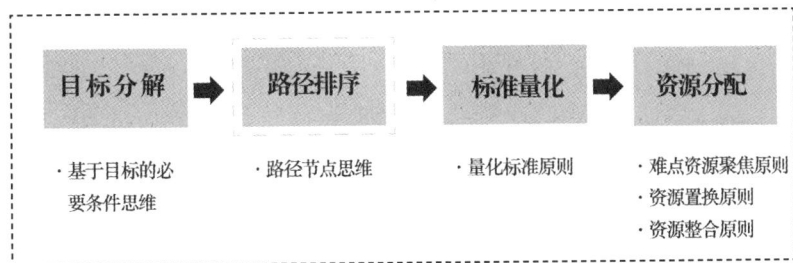

目标分解	路径排序	标准量化	资源分配
·基于目标的必要条件思维	·路径节点思维	·量化标准原则	·难点资源聚焦原则 ·资源置换原则 ·资源整合原则

关键路径图—步骤

比如，如果单纯靠项目小组成员无法解决任务中的技术难点，花一点预算聘请第三方专家就是很有必要的，原本 10 天完成的工作，专家用 3 天时间就可以解决，综合考量的话，还是多花些钱，来确保任务完成效率和较好的效果。

关键路径图是一个以任务为单位所做的图表，其最小单位是任务，但这并不意味着设计这一图表时项目经理只需要思考到任务层级。在一些具体的项目中，项目经理先要把任务进一步分解为一个个活动，在这之后，再去测算每个活动需要多少人，需要多少钱，需要多少时间，这样综合起来，项目经理对一个任务的资源预算判断就会更为准确。

在设计关键路径图的过程中，将项目拆分得越细，就越有利于项目经理做出正确决策，哪些钱该花，哪些钱不该花，在设计关键路径图时就能知道得一清二楚，这样在开展后续项目工作时，才能确保项目执行的效率和效果。

总结与思考

● 看一看当前工作的诸多重要环节是否可以继续拆分，继续拆分并合并后，为当前工作设计一张关键路径图。

10.3　关键路径图中的"关键节点"

项目关键路径图是由一个个节点连接而成的，这些节点就是一个个里程碑，代表着项目执行过程中每一个任务完成的状态，也可以理解为项目执行过程中阶段性的质量检查点。

我们说关键路径图设计要"步步为营"，其实就是在每一个节点（质量检查点）都达到相应的质量标准。质量检查过关了，这个节点的任务目标也就实现了，这一节点的"步步为营"工作也就完成了。接下来就是前往下一个节点，继续去"步步为营"。

一般来说，项目关键节点有以下三个基本特征。

首先，项目关键节点必须要有一个具有公信力的证据或信物，这一信物是用来衡量节点任务是否完成的主要依据。

其次，项目关键节点不是一个持续的过程，而是一个完成状态，主要表现为节点任务的成果，这一成果通过了质量标准检查。

> **节点任务信物**
>
> 节点任务信物是节点任务工作完成的明证，只有保质保量地拿到任务信物，才能去着手开展下一节点的工作。

最后，项目关键节点中的任务是绝对不能返工的。节点任务完成后生成的成果必须要经过质量检查，达到设定的标准。一旦节点成果通过质量检查，那这一节点的任务就结束了，项目经理开展下一节点任务之后，是不能再回过头来对上一节点任务进行返工的。

在描述项目关键节点时，最好使用唯一的标识与之对应，具体模板如下图所示：

当然，在实践操作中，项目经理还可以根据实际工作的需要，适当增加或减少用来描述项目关键节点事件的信息内容。

我们以研发一款手机作为一个项目，从大容量手机电池研发成功作为一个节点，来看一看项目关键节点的特征是如何表现的。

里程碑描述及示例一：

最早开始时间	历时	最晚结束时间
编号：完成状态描述		
最小消耗	关键资源	最大消耗

例

6月5日	15个工作日	6月26日
SD1109：在6月26日前，完成3万件玩具组装，并通过质检审核		
50人	人力	80人

里程碑描述及示例二：

最早开始时间	历时	最晚结束时间
编号：完成状态描述		
最晚开始时间	浮动时差	最早结束时间

例

6月5日	15个工作日	6月30日
SD1109：在6月26日前，完成3万件玩具组装，并通过质检审核		
6月9日	4个工作日	6月26日

里程碑事件的描述

首先，大容量手机电池成品就是一个具有公信力的证据或信物，这块儿电池生产出来了，节点的信物也就有了。

其次，大容量手机电池成品已经经过了质量检查，达到了大容量、高续航的标准，所以它是一个完成的状态。

最后，完成了大容量手机电池的研发后，这一节点的任务也就完成了，因为成品已经通过了质量检查，所以也就没必要再返工了。

在手机研发这个项目中，返工重新研发一块儿手机电池，可能只会多耗费些时间和金钱；如果换一个项目，换到盖楼房这个项目中，返工重新搭建地基，耗费的可就不只是时间和金钱了。

做一个项目可不像用铅笔在本上写字一样，错了可以用橡皮擦掉。不同项目的风险是不同的，返工所造成的损失也是不同的，项目经理只有"步步为营"地循着关键路径图上的"关键节点"走，才能一帆风顺地达成项目目标。

总结与思考

● 从已拆解的当前工作中选择一个重要的节点事件，从三个方面描述其基本特征。

10.4　关键路径图就是"填坑寻宝"

从另一种角度来看，项目关键路径图又像是一张藏宝图，其上标记了很多"关键藏宝点"，一步一步通过这些"关键藏宝点"后，就能得到宝藏——达成项目目标。所以对于项目经理来说，设计关键路径图又是一个"填坑寻宝"的过程。

"寻宝"很好理解，整个藏宝图最大的宝藏就是项目目标的实现，而"填坑"似乎不那么好理解，关键路径图中有哪些"坑"要填呢？这一点其实我们在前面已经介绍过了，关键路径图上的"坑"就是一个个关键节点事件，解决了这些关键节点事件，也就完成了"填坑"行动。

每一个关键节点事件都是一个"坑"，每一个关键节点事件也是一块儿"宝"，项目经理每填上一个"坑"，就能从中获得一块儿"宝"，这个"宝"将成为填上下一个"坑"的必要材料，这又有点像 RPG（Role-playing game，角色扮演游戏）闯关游戏了。

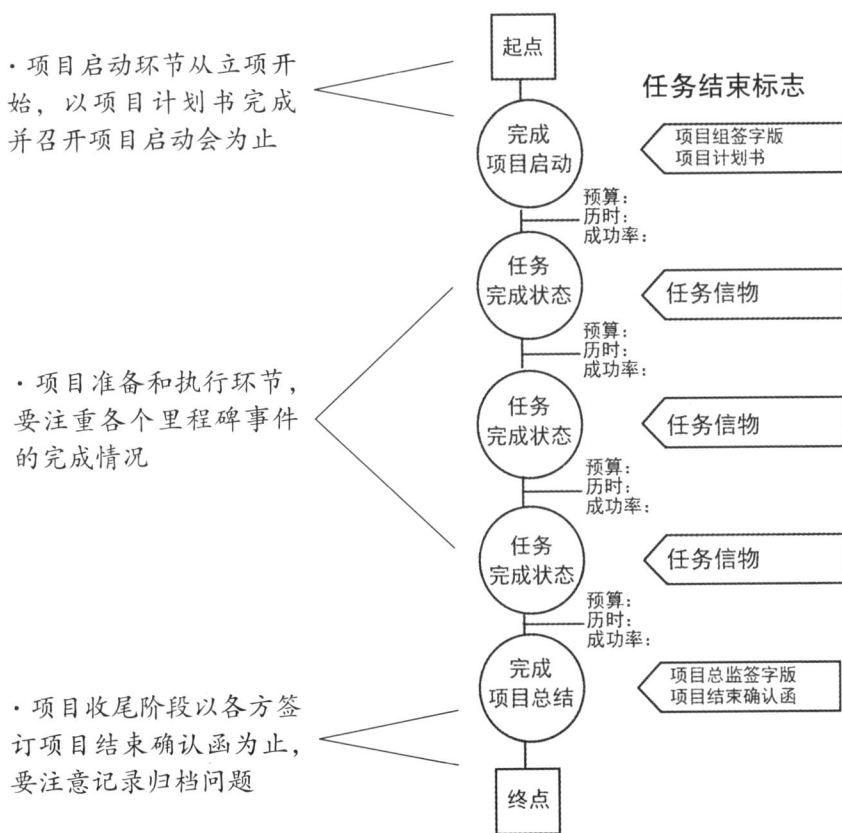

- 项目启动环节从立项开始，以项目计划书完成并召开项目启动会为止

- 项目准备和执行环节，要注重各个里程碑事件的完成情况

- 项目收尾阶段以各方签订项目结束确认函为止，要注意记录归档问题

起点

完成项目启动

任务完成状态

任务完成状态

任务完成状态

完成项目总结

终点

任务结束标志

项目组签字版项目计划书

任务信物

任务信物

任务信物

项目总监签字版项目结束确认函

预算：
历时：
成功率：

关键路径图模板

RPG 闯关游戏的先闯一关，获取重要道具、解锁新关卡的模式很值得项目经理去借鉴。关卡先后顺序的设计与关键路径图中关键节点事件先后顺序的设

计是如出一辙的。

关键路径图中关键事件节点先后顺序一般有两种设计思路，一种是按照时间先后顺序设计，一种则是按照逻辑先后顺序来设计。

时间先后顺序设计指的是项目经理要根据项目当前情况，比如，预算、设备、成员的具体情况，来安排关键节点事件的顺序。逻辑先后顺序设计则是指后一项工作的输入，需要前一项工作的输出成果，前后两个关键节点事件存在输入与输出的关系，所以要以这种逻辑关系来划分先后顺序。

> **关键路径对比图**
> 项目经理要尽可能多地寻找项目路径，然后通过对比优化，设计出最具可行性的关键路径图。

有了关键节点事件，知道了先后次序关系，项目关键路径图也就完成了一大半。之所以说完成一大半，而不是说完成了全部，是因为一个真正完整的关键路径图，还需要接受一些"对比的考验"。

无论是哪一个项目，关键路径图的设计都不止一种，这很好理解，从一个地方去到另一个地方，我们可以选择多种不同的路线。

项目关键路径图也是如此，项目经理在设计关键路径图时，会得到好几种不同的结果，而项目经理需要通过对比，来选择一个最佳的、最具可行性的关键路径图，将其写入项目计划书中。这样一来，入选的关键路径图便具备了最佳可行性。

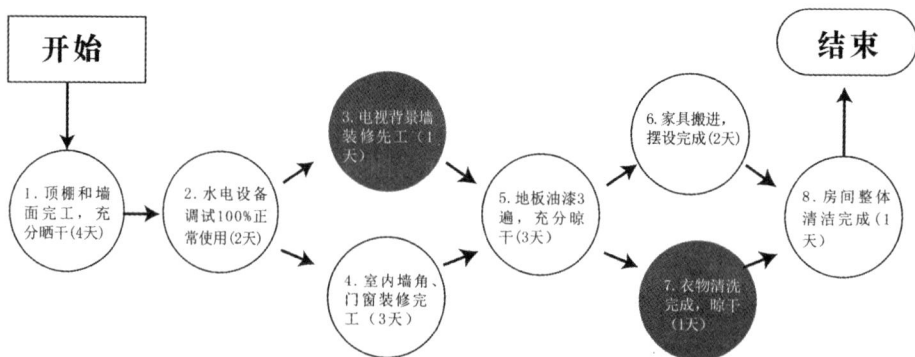

装修房屋关键路径图

上图所展示的是"装修房屋"这一项目的关键路径图，可以看到 1-2-4-5-6-8 是一条关键路径，这一路径上的关键节点都是"装修房屋"必须要完成的工作。而节点事件 3 和节点事件 7 并不属于关键节点事件，所以并没有被划入关键路径之中。

综合上面的内容可以发现，用来"填坑寻宝"的关键路径图不仅要拥有关键节点事件，还需要按照一定的顺序将这些事件加以排列，最终通过对比从几个关键路径图中确定最为可行且效率最高的那一个。经过这一番操作后，一个指向项目目标的完整关键路径图便设计完成了。

总结与思考

● 试着寻找一下完成当前工作的不同路径，将这些路径都罗列出来，对比一下，看看哪条路径是最为可行且效率最高的？

10.5　关键路径图的撰写格式

关键路径图在撰写时需要遵循一定的格式，哪个节点上该写什么，都是有明确的规定的。所谓"填坑寻宝"，就是项目中每一个任务结束后都要产生一个成果，这些成果就是一个个节点，而项目经理要做的就是按照规定格式把这些节点写在关键路径图中。

项目关键路径图的第一个任务是项目启动会，这一点是雷打不动的，每一张项目路径图都要从项目启动会出发。相对的，项目路径图的最后一个任务项目总结会也是雷打不动的，这是结束的标志，也是胜利的标志。

在确定了这两个雷打不动的任务后，接下来就要确定这两个任务的成果——节点了。这里一定要注意，我们在关键路径图上要写的是任务成果，也就是节点的内容，而不是任务的内容。

那项目启动会的成果是什么呢？根据前面讲到的内容，我们知道，这一环节的成果是"确认项目计划书"。这样一来，在关键路径图的第一个节点上，我们需要写的就是"确认项目计划书"。以此类推，在关键路径图的最后一个节点上，我们需要写的就是"项目结束确认函"。

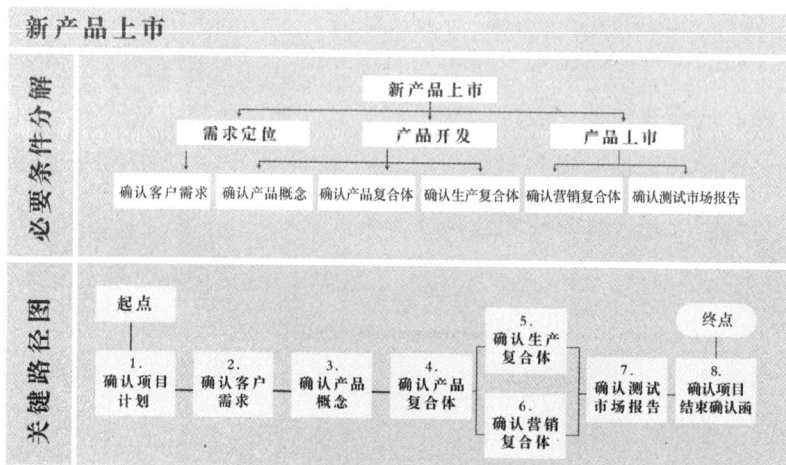

新产品上市

必要条件分解	
新产品上市	
需求定位　　产品开发　　产品上市	
确认客户需求　确认产品概念　确认产品复合体　确认生产复合体　确认营销复合体　确认测试市场报告	

关键路径图

起点

1. 确认项目计划 → 2. 确认客户需求 → 3. 确认产品概念 → 4. 确认产品复合体 → 5. 确认生产复合体 / 6. 确认营销复合体 → 7. 确认测试市场报告 → 8. 确认项目结束确认函　终点

新产品上市的关键路径图

在写下两个具体节点的内容后，我们还要写下具体的时间，也就是什么时间前要完成这一节点。如果整个项目启动会的任务周期是 4 月 1 日到 11 月 5 日，那确认项目计划书的时间就不能在 4 月 5 日之后，项目经理要根据实际来明确拿到这一节点成果的时间。

除第一个与最后一个节点外，关键路径图中还有许多其他节点，我们也可以将这些节点称为里程碑事件。这些节点可以并联排列，也可以串联排列，项目经理只要把逻辑表述清楚，把时间关系理顺就可以了。

总结与思考

● 试着按照上面的格式规范，将当前工作的关键路径图设计出来。

11

路径图中的"关键四步"

内容提要：

关键路径图的设计要"步步为营"，在整个过程中，有四个关键的步骤是项目经理必须要做到位的。这四个关键步骤的工作决定着项目关键路径图的最终效果，很大程度上也决定着整个项目最终的成败。

11.1 第一步：项目目标的分解

设计关键路径图的第一个步骤是项目目标的分解，这是其他步骤工作开展的前提，也是整个项目关键路径图设计的前提。

从项目目标倒推，将大的、复杂的目标拆解得相对小一些、细化一些，是项目目标分解的主要工作。具体将项目拆分到几层，

> **基于目标的项目分解**
>
> 项目关键路径图中的节点任务都需要指向项目目标，并按照一定的次序进行排列。

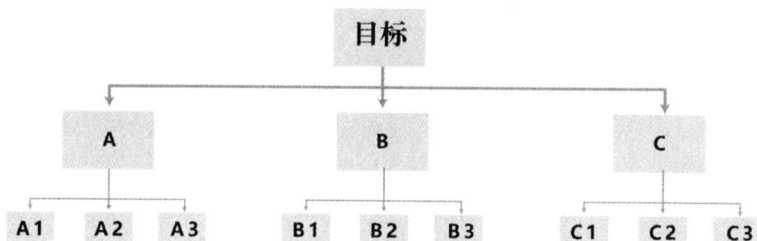

需要项目经理自己来确定，通常来说，分到三层就可以了，但也有的时候需要分到五层，项目经理的分层依据主要还是便于操作和把控整个项目。

把项目目标进行分解是为了让项目经理更好地操作和把控整个项目，找到项目中潜藏的风险，也是为了让项目经理量化出每一个任务的具体成果，从而设计出最具可行性的项目关键路径图。

如果不进行项目目标分解，而是单纯凭借自然路径去设计关键路径图，运气好的话，项目经理会得到一张线路弯弯曲曲的关键路径图，运气不好的话，项目经理根本没办法设计出直达项目目标的关键路径图。

项目管理思维 6：基于目标的必要条件原则

在项目目标分解的过程中，会运用到基于目标的必要条件原则，这是项目管理的一种重要思维。

"基于目标"指的是从项目目标出发，理解项目的本质，这是一个锚点，是整个思维原则运用的基础。项目经理首先必须清楚手中的项目要实现什么价值，再由此倒推，思考一下想要实现这些目标必须达成什么样的前提条件，而这些前提条件就是影响项目成败的必要条件。

"必要条件"是数学中一种重要的关系形式，在项目管理中，主要是指为实现项目目标，必须要做的那些事，如果这些事中有一件没有做好，项目目标就无法实现。

很多时候，即使这些必要的事都做好了，项目目标也未必一定能实现，为此，项目经理需要再找到一些充分条件来提高项目的成功率。

在项目管理中，"充分条件"属于一种锦上添花的存在，需要在"必要条件"的基础上去发挥作用。

如果把做项目比成盖楼房的话，那"必要条件"就是打地基、做承重，这些都是盖楼房的基础工作，这些工作完成的好坏、质量的高低决定着楼房是否稳固。当然，这些工作是必不可少的，也是盖楼项目中的"必要条件"。

在打好地基、做好承重后，剩下的那些如楼面装饰、室内装饰等工作，就是这个盖楼项目的"充分条件"。做好这些工作可以让楼房变得更加美观，做不好的话，楼房也不至于就因此而坍塌。

在项目目标分解过程中，运用这一思维原则主要是为了将复杂目标向下分解到位，找到那些基于目标的必不可少的事情。这些"必要条件"就是项目关键路径图中的一个个节点，依次完成这些节点任务后，项目的目标也就顺利实现了。

有的项目经理在设计关键路径图时，喜欢将"充分条件"也做成节点，放入图中。这也没什么问题，只要将所有"必要条件"都达成，每多达成一个

"充分条件"，就能增加一些项目成功的概率。注意，不论怎样提高"充分条件"的地位，项目经理都要始终将"必要条件"放在首位，优先去完成那些对实现项目目标不可或缺的工作。

> ┌─ **总结与思考**
> ● 从当前工作目标出发，罗列出达成目标的"必要条件"与"充分条件"。

11.2　第二步：路径优化排序

路径优化排序主要涉及三个方面的内容，一是这种路径优化排序所指的是对项目核心节点的排序，二是确定这些核心节点优先次序的内容，三是顺序排列的组合内容。

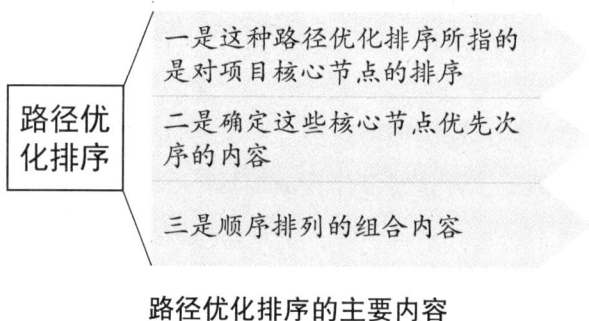

路径优化排序的主要内容

针对核心节点次序的排列方式主要有两种，一种是按照时间顺序排列，一种是按照逻辑顺序排列。

按时间顺序来排列核心节点，可以完成一个节点任务，再去完成下一个节点任务，这些节点任务之间并没有太大关联，但在耗费精力和资源程度上会有明显的不同。项目经理要结合自己的精力和资源，以时间顺序对核心节点进行排列。

而按逻辑顺序来排列核心节点，则是必须先完成一个节点任务，才能去完成下一个节点任务，两个相邻的节点任务间存在明显的输入与输出关系，这一节点任务的成果，是下一节点任务的材料。

在这里，节点事件会存在一种"前置"或"后置"的关系，节点事件 B 是节点事件 C 的前置状态，而节点事件 A 又是节点事件 B 的前置状态。如下图所示：

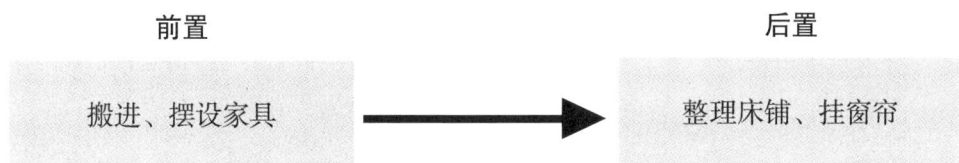

前置		后置
搬进、摆设家具	⟶	整理床铺、挂窗帘

想要开展节点事件 B 的工作，就要先完成节点事件 A 的工作。同样，想要开展节点事件 C 的工作，也要先完成节点事件 B，以及节点事件 A 的工作。其所依据的正是事件发生的逻辑顺序。

在路径优化排序过程中，项目经理既可以选择按时间排序，也可以选择按逻辑排序，还可以选择将这两种排序方式组合使用。

关于路径排序的组合，也就是核心节点在关键路径图上的呈现形式有串联和并联两种。所谓串联形式，就是在一个核心节点紧接着一个核心节点，以此类推，以一条线将这些核心节点串联到最后。而并联形式则是有几个核心节点平行排列，这些核心节点上的任务相对要简单一些，所以会同时开展。

	路径排列	特点
示例一	A → B → C → D	路径中各里程碑节点串联
示例二	A → B, C → D	路径中串联与并联同时存在

一般来说，从稳妥的角度考虑，将核心节点串联起来，一个任务一个任务地攻克，会更有利于项目目标的实现。

在一些特殊情况下，如果团队成员有精力去完成多项工作，那将一些核心节点并联排列也是可以的。但需要注意的是，这种排序要有明确的前提，并且要切实可行，否则便会产生适得其反的效果。

项目管理思维 7：路径节点原则

路径节点原则也是在设计关键路径图中经常会用到的项目管理思维，其强调以步步为营的思想去排列节点，能串联尽量串联，可以不并联就尽量不要并联。

运用基于目标的必要条件原则，将项目目标分解好后，项目经理在排列节点次序时，无论是按照时间顺序，还是按照逻辑顺序，都要尽可能地用串联的形式将节点连接。同时，每个节点还要设置好工作质量标准，以此来保证每个节点任务完成后的成果是有质量的。

为什么一定要串联节点，而不是使用并联或是串、并联结合的方式呢？

在前面我们提到过并联方式的可行性，但从大量的企业管理实践可以发现，每个个体的精力都是有限的，同时负责几个不同的任务，必然会降低个体完成各个任务的效率，只不过因为个人能力的不同，有的人效率降低得比较少，而有的人效率降低得比较多。

正是出于这种考量，我并不太推荐项目经理在设计关键路径图时，安排太多的多线程并联任务，在这一阶段还是要理性务实一些比较好。以步步为营的指导思想，将每一个节点任务都安排妥当，这就是路径节点思维原则的基本要求。

总结与思考

● 试着从逻辑和时间两个角度去排列当前工作中的节点事件，并从便于自己开展工作的角度分析一下哪种路径节点排列更适合当前的工作。

11.3　第三步：标准量化

标准量化指的是将项目执行过程中的各类成果进行量化。标准量化需要借助标准量化思维原则来实现，主要表现为一些具有客观性和科学性的量化标准。

标准量化要找到量化标准，比如，在财务报销环节，财务人员对可报销的发票要有一个量化标准，这样在遇到不合规的发票时，便可以拒绝签字报销，免去不必要的争执与纠葛。

这一步骤要求项目经理为所有项目执行环节都设置相应的标准，这就好比你要让别人帮你寻找一个漂亮的女朋友，那你就一定要把"漂亮"的标准说清楚，身高是多少？脸型是什么样的？体重有什么要求？量化的标准越详细，别人就越容易帮你找到合适的女朋友。

项目管理思维 8：标准量化原则

在量化标准步骤中，标准量化原则是项目经理必须要用到的思维原则。当将目标分解为一个个任务，而后又将其排列成一个个节点后，项目经理便要在标准量化原则的指引下，对这些节点进行量化处理。

在对节点进行量化时，项目经理一定用质量标准去量化，使其符合 SMART 原则的具体要求。我们前面提到过一个项目的目标一定是可量化、可评估的，并且现实可行的，这些要求与 SMART 原则的逻辑是颇为一致的。

> **量化标准**
>
> 标准量化工作做得越好，节点任务执行就越有方向。有了细致明确的标准，项目经理也就能更好地掌控项目进程。

在标准量化思维原则下，项目经理在量化节点时应该尽量达成数字化、场景化、可实现性和相关性的要求。

数字化和场景化是为了直观呈现项目节点的"外貌"，如果把项目节点比成一个人的话，那身高、体重这些具体数据就是数字化描述，而"长得像某个明星"就是一种场景化描述。这两种描述的存在是为了让项目节点更容易度量，也是为了让项目小组成员更好地理解项目节点。

可实现性主要是指项目节点目标不能定的太高，也不能定的太低。如果项目经理把节点目标定为"摘星星"，那这就太难为项目小组成员了，这是很有挑战性的目标，同时也是难以实现的目标；如果项目经理把项目节点目标定为

"捡苹果"，这个目标虽然很容易实现，但这个目标没什么价值，捡地上的苹果是毫无意义的。

那什么样的节点目标具有可实现性呢？"摘苹果"才是最具可实现性的节点目标。与"捡苹果"相比，"摘苹果"是有挑战性的目标，而与"摘星星"相比，"摘苹果"又是切实可行的。跳一下或是拿个梯子便能够摘到树上的苹果，这种目标才是具有可实现性的节点目标。

相关性也可以理解为因果关联，指的是节点与节点、节点与项目要具有一定的因果逻辑关系。因果关联越强，相关性也就越高，一旦某个节点出现问题，其他节点，甚至整个项目都会受到牵连。

这同样可以用盖楼房来说明。在楼房修建之初，施工各方已经就设计图纸达成共识，在此基础上，施工队从地基开始修建楼房；当地基打好后，施工监理方会对地基是否符合标准进行评估；评估通过后，施工队才能继续修建下一层楼房，就这样，一直到盖完整栋楼房，施工监理方都要持续不断地进行评估。

那施工监理方是依靠哪些标准来衡量楼房是否合规的呢？可以肯定的是，这些标准一定是可统计、可测量、可取证的，每一个项目节点都有固定的可量化标准。比如，地基要建成什么样？抗震等级要达到多少？承载力要求是多少？楼房地基只有达到这些量化标准后，才是合规的。

标准量化原则运用的最终结果就是为每一个项目节点都设计好相应的质量标准，以此来评价这一节点所产生的成果。节点成果达到了相应的质量标准，这个节点的任务也就完成了，如果没有达到相应的质量标准，那这一节点的任务就要继续完善，直到符合质量标准的成果出现为止。

总结与思考

● 试着为当前工作中的每一个节点事件设置可量化的标准，以此作为完成节点事件的标志。

11.4　第四步：资源分配

资源分配环节有四个方面的内容，成功率分析、时间分析、人力分析和费用上限分析。如何分配好这些资源，是项目经理必须要考虑的问题，这决定着项目执行效率的高低，也决定着项目目标能否实现。

1. 成功率分析

成功率是资源分配的首要内容，虽然没有具体的方法指导，却是资源分配最核心的内容。

成功率分析需要结合时间、人力和预算分析一同进行，最高成功率是项目经理所追求的理想结果，但在实际项目执行过程中，相对较高的成功率才是项目经理所能获得的最好结果。项目经理需要对人力、时间和预算等资源进行总结，然后去尽可能多地提高节点任务的成功率。

资源分配

项目资源的分配也应指向项目目标，当然资源分配同时也应满足节点任务的实际需求。

2. 时间分析

完成同样的一个任务，熟练的人和不熟练的人所用的时间是不同的，当然，雇佣熟练的人和不熟练的人所消耗的费用也是不同的。这就需要项目经理做好费用与时间的权衡了，究竟是时间重要，还是费用重要，项目经理要根据项目实际来确定。

项目经理在进行时间分析时，一方面要依据历史经验，另一方面要依靠个人经验。如果自己熟悉这一项目，那根据以往的项目经验便可以确定项目各个环节的具体时间分配；如果自己不熟悉这个项目，那听取其他有相关项目经验人的意见也可以确定项目各环节的时间分配。

一般来说，项目拆分得越细，时间分析就会越准确。在一个项目中，任务层级的时间分析明显要比活动层级的时间分析更难一些，因为一个任务中会有很多活动，只有把每个活动的时间分析都做准确了，这个任务的时间分析才会准确。这也是为什么我们要把项目从复杂拆分到简单的一个原因。

任务资源分析—时间分析

1. 基于历史经验

2.Pert 定理

$$Te = (Ta + 4Tm + Tb)/6$$

Te：实际时间

Ta：悲观时间

Tm：最可能时间

Tb：乐观时间

示例：

一项任务，乐观时间是 5 天，悲观时间是 25 天，最可能时间是 10 天

实际时间 $Te = (5 + 4 \times 10 + 25)/6$，约为 12 天。

---

3. 人力分析

资源分配的立足点是节点的质量检查标准，所有的资源分配都是为了达成节点的质量检查标准的，人力资源的分配便是如此。

在人力资源分析中，项目经理需要以任务为单位来分析执行人员的数量需求，一个项目分解为 A、B、C 三个任务，A 任务需要 5 名执行人员，B 任务需要 3 名执行人员，C 任务需要 1 名执行人员。

如果执行这三个任务都需要不同的工作能力，并且三个任务在时间上存在

重叠,那这三个任务的执行人员就是无法互通的,也就是说,想要完成这个项目,一共需要 10 名执行人员。

但如果这三个任务对执行人员工作能力的要求不高,并且每个任务的时间都不重叠,那这三个任务的执行人员就可以互通,即想要完成这个项目可能只要 5 名执行人员就可以了。对于具体的人员分配,还是要依据实际项目情况来定,要具体问题具体分析。

在分析完具体任务的执行人员时,项目经理还需要考虑任务历时变化,以及所对应的执行人员数量的变化。比如,一个促销宣传物品制作的任务,预估任务历时为 8 天时,需要执行人员 2 人;而当预估任务历时为 4 天时,需要执行任务便要增加到 4 人。

促销宣传物品制作任务

任务历时预估	人力资源需求
8 天	2 人
4 天	4 人

在任务历时变化与执行人员数量的变化上,项目经理还需要考虑预算的问题,抛开时间分析和费用上限分析,单纯去做人力分析是不现实的。

在决定由谁来完成节点任务时,项目经理有三种不同选择,一种是由本部门员工自己来完成,这属于分内的工作;一种是与其他部门员工共同合作,这会涉及员工委派申请的问题;还有一种是交给第三方机构或专家来负责,这种选择的成功率和效率是最高的,但所花费的成本也是最高的。

项目经理需要在充分考虑时间和预算的基础上,确定由谁来完成相应节点的任务,以最大化项目效果。

举例来说,如果某个节点任务的时间非常充裕,预算也非常充裕,那项目经理让自己部门的员工来完成这一节点任务就是合适的,这样还可以节省部门协调和寻找外援的时间。如果某个节点任务的时间比较紧迫,预算却比较充裕,那从第三方机构寻找专家就是最好的选择。

4. 费用上限分析

费用上限分析就是预算分析，对于项目经理来说，预算是一个整体的项目预算，也就是立项人确定的预算。项目经理在分配这些预算时，一方面要考虑项目中每个任务的预算，同时还要考虑设置一些基准成本和浮动储备金。也就是说，项目经理不能把所有的预算都分配出去，而是要留出一些预算空间来。

在分配项目预算时，项目经理首先要确定好整个项目必须要花费的钱，这些钱就是基准成本。除了这些可预知的一定要花的钱之外，项目经理还需要将一些预算作为浮动储备金，以应对那些突如其来的资金消耗。

在具体操作时，有的项目经理会将浮动储备金中较大概率产生的费用并入基准成本中，而将完全未知但有概率产生的费用单独作为浮动储备金，这种预算分配方法也是可行的。对于项目经理来说，浮动储备金这种弹性的预算分配选项是一定要有的，其可以在很大程度上降低项目执行的风险。

资源分配是项目管理过程中的一项重要工作，同时也是项目经理和任务经理的主要工作，通过整合分配资源，调配人力、物力、时间，从而最终提高项目的成功概率，这项工作要在设计关键路径图时就做好安排。

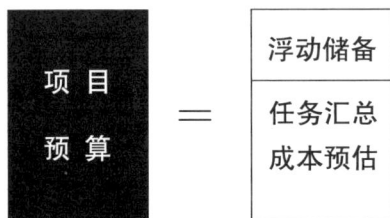

$$\boxed{\begin{array}{c}\text{项 目}\\[4pt]\text{预 算}\end{array}} \quad = \quad \begin{array}{c}\text{浮动储备}\\ \hline \text{任务汇总}\\ \text{成本预估}\end{array}$$

项目管理思维 9：难点资源聚焦原则

难点资源聚焦原则强调要对项目中的难点事件予以足够的重视，在时间、人力和预算等资源上给予更多支持。在掌握这一思维原则的同时，项目经理应该认识到做项目主要是为了实现目标，省钱只是次要目的，很多时候省钱甚至都算不上目的。

项目经理要从基于项目目标的必要条件中寻找难点，在确定难点任务后，就应该为这一难点任务分配足够多的资源。专家能找就找，预算能花就花，时间能长就长，圆满解决难点任务应成为项目经理的首要目标，这也是难点资源聚焦原则的根本要求。

项目中的难点任务就像木桶原理中的短板一样，它们在很大程度上决定着项目的成败，不率先将其解决，其他任务完成的再好，也无法顺利达成项目目标。

在向难点任务倾斜资源的同时，项目经理还需要权衡整个项目的资源分配。将所有资源都分配去解决难点任务，虽然可以确保这个任务取得圆满成功，但其他任务的成果就会受到影响，所以在进行资源分配时，项目经理要用全局意识去思考。

举例来说，如果将高考作为一个项目来看，那父母作为项目经理就要从这个项目的目标中寻找必要条件，很显然，高考分数过线是该项目的必要条件。

那这个必要条件中的难点是什么呢？通过分析，父母发现孩子的外语和数学成绩较差，如果不提升这两科成绩，那项目目标可能很难实现。为此，根据难点资源聚焦原则，父母便需要对孩子的这两科成绩给予一定的资源倾斜，利用节假日多补习一下这两门课，多花些钱找个家教补习一下这两门课，在不影响其他学科成绩的前提下，就可以为这两门课程分配更多的资源。

项目管理思维 10：难点技术专家原则

难点技术专家原则相比于前面介绍的难点资源聚焦原则，在范围上要小一些，前者强调的是所有资源的聚焦，而后者则主要强调人力资源的聚焦，即安排技术专家去解决难点任务。

这一思维原则在运用上有两方面表现，一方面是说项目经理要用对人，另一方面则是强调项目经理要找对专家。

所谓"用对人"就是针对每个项目节点的不同特点去安排人。比如，有一个项目节点的工作很简单，但要求做到非常准确，一丝一毫的差错都不能出，这时候项目经理就要安排那种心细如尘，对待工作一丝不苟的负责人。

"找对专家"所针对的主要是难点任务，既可以是向专家寻求智力支持，而后由自己完成工作，也可以是直接让专家来完成工作。不论是采用哪种方法，只要能够解决难点工作，提高项目成功率就是可以的。

在面对一些难点任务时，项目经理可能是出于节约预算的考虑，也可能是对自己的能力过于自信，不向专家寻求帮助，从而导致任务目标无法达成，最后只得返工。这种做法不仅浪费了时间，还降低了任务的成功率，是不可取的。

项目经理在项目执行过程中可以适当试错，但在面对难点任务时，还是应该果断一些。引入专家能够提高任务效率和成功率，那就尽快引入专家。很多时候，看上去引入专家的投入较多，但从实际效果上来看，其要比不断试错返工节省资源。

专业的事情交给专业的人去做，这是难点技术专家原则的核心内容。对于专家的选择，项目经理在内心应该有一个考量，真正优秀的专家既要懂理论，又要有方法，同时还要具备一些实践经验。

如果遇到了这一类型的专家，项目经理应该果断投入预算将专家引入项目中。在预算范围内，还可以让专家参与更多的项目工作，这样专家在帮助提升项目目标成功率的同时，还可以带领项目小组成员一同成长。

项目管理思维 11：资源置换原则

资源置换原则强调，在达成项目目标时，想要让各资源都呈现完美状态是不现实的。时间、人力、费用这些资源都是此消彼长的，它们共同构成一个稳固的三角形，想要追求其中一个或两个资源的完美，就必须在第三个资源上有所牺牲，这正是资源置换原则所指向的内容。

在资源分配中，项目经理必须要有资源置换的思维，根据项目的实际情况来对资源进行置换，盲目追求所有资源都被高效利用，是不现实的。

很多时候，在一个项目中，项目经理只能追求一项或两项资源的分配达到完美状态，如果想要所有资源分配都达到完美，那整个项目就很难成功。

以时间、质量和费用这三个资源来说，一个项目如果追求最少时间、最高质量，那它就需要花费一大笔费用来减少时间、提高质量；而如果这个项目追求最高质量、最低费用，那它就需要很长的时间来确保质量，并降低费用。

> 20 世纪初，借助于技术创新，美国一家企业获得了大量市场订单，企业车间的设备 24 小时连轴转也赶不上客户下订单的速度。突然有一天，企业的一台关键设备出现了故障，整个车间的工作都被迫停止。
>
> 这家企业有大量的设备维修人员，他们围绕着机器研究了好几天，也没有发现是哪个零部件出了问题。时间一天天过去，销售部的订单已经堆积如山了，但设备故障依然没有解决。正当众人都毫无头绪时，企业的一位管理者请来了著名的物理学家斯坦门茨帮忙。
>
> 这位物理学家是电子机械领域的专家，他来到工厂中，围绕着机械设备来回转了 3 天，一会儿爬到设备上，一会儿又钻到设备下，最后他在设备的中间位置用粉笔画了一条线，并写道"这里的线圈多绕了 16 圈"。
>
> 众人按照物理学家的安排，重新布置了线圈，就这样，困住众多维修人员的故障轻松解决了。

资源置换原则就是一种取舍的思维，取谁舍谁，要根据项目的要求来确定。

如果这是个小快（小规模、时间要求紧）项目，那时间就是要"取"的内容，而费用就是要"舍"的内容，用更多的费用支出置换更少的项目时间，是一种正确的选择。

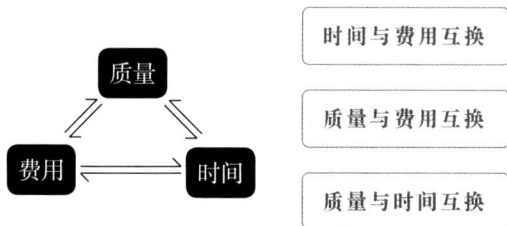

但如果这是一个很"高大上"的项目，对项目质量要求很高，那质量就是要"取"的内容，时间和费用就是要"舍"的内容，用更多的费用、更长的时间来置换更高的项目质量，才是正确的选择。

最少时间、最高质量、最低费用是每个项目管理者都梦寐以求的资源消耗状态，但在这里，项目经理一定要保持清醒的头脑，如果过于执着于全面的完美，很可能会导致整个项目满盘皆输。

项目管理思维 12：资源整合原则

资源整合原则追求更高效率地完成项目执行过程中的基础工作，为了提高项目执行效率，项目经理可以将一些关联性较强的基础工作整合在一起，然后将这些工作统一外包给第三方机构，从而解放项目小组成员，让他们更好地去完成关键工作。

这一思维原则在那些生产先进设备的科技企业中非常普遍，如在一些手机研发企业，技术研发和产品营销的工作往往由企业内部来做，而手机的组装加工则去找代工企业。将这些技术要求较低的基础性工作外包出去，企业只需要花费一部分费用，就可以减少很多不必要的工作，这对于企业来说，是非常高性价比的选择。

当然，这种资源整合并外包的行为一定要在合法合规的前提下进行，项目经理要对项目工作和外包机构有充分的了解，并且要以身作则对整个项目和外包的基础工作予以监控。在一些关键项目节点上，项目经理要安排专人把控外包任务的进度，以免出现任务延期或任务目标无法完成的情况。

项目管理思维 13：资源弹性原则

资源弹性原则在运用时，要跟使用弹簧一样，先去压缩，再适度放开。相比于压缩时间，一些项目经理在项目执行过程中，更习惯去放大时间，项目总监认为这个项目要 30 天完成，他可能要用 35 天才会把项目做好，这在项目管理中显然是不可取的。

按照资源弹性原则的要求，项目总监如果将一个项目的完成周期定为 30 天，那项目经理在设计关键路径图时，就要先将时间压缩一下，以 25 天的项目周期去设计关键路径图。

为什么要压缩项目时间呢？按照项目总监给出的项目时间设计关键路径图不可以吗？这里压缩时间的原因跟前面资源分配留出空间的道理是一样的，项目经理需要留出一个缓冲时间，以应对突发问题。

软文撰写	印刷	平面设计
请保姆	公司车辆使用	保洁工作

外包非核心价值的工作

一个称职的项目总监在确定项目周期时，是会留出一定的缓冲时间的，很少有项目总监会将项目结束时间直接定在预估项目结束日。如果一个项目必须用 5 天时间才能完成，那项目总监将项目周期定为 5 天就很可能会出现问题。

项目时间：

　1 月　　　2 月　　　3 月　　　4 月

机动资源

计划时间：

　1 月　　　2 月　　2.5 月

即使真的发生了紧急情况，项目经理也要在确保项目目标可以完成的前提下，适当压缩一点时间。这些压缩的时间既可以作为后期项目复盘检查的时间，也可以作为突发问题的应对时间。

除了对时间这种资源施加"弹性"，项目经理还需要对其他资源也施加"弹性"。比如，前面提到的项目预算不要全部分配出去，项目人力资源也最好留出一两个人机动待命。

这种未雨绸缪思维不仅可以用在资源分配环节，除设计关键路径图外，在项目执行的每一个环节中都可以应用。在做计划时，项目经理应该把自己想成一个"弱者"，把项目中的困难想得细致一些，能做计划的就做计划，没法做计划的就留出缓冲空间，只有将准备工作做到位，项目的后续执行才会更顺利。

总结与思考

● 试着从时间、人力、成功率和费用上限的角度综合考虑当前工作的资源分配是否合理。

11.5 路径对比优化

项目经理在设计项目关键路径图时，在不超时、不超预算的情况下，一定要多设计几条路径。如果只设计了一条路径，那就没必要对比，也不需要优化了。在多条路径中选出成功率最高的路径，正是路径对比优化的主要工作。

在实际工作中，项目经理所设计的多条项目路径彼此并不会完全分离，很多的时候是某些节点之间只有一条路径，而某些节点之间有三四条路径，路径对比优化要做的就是在多条路径中选择性价比最高的那条，这里的性价比最高既有对资源消耗率的考量，也有对项目时间和项目成功率的考量。

下图所示的关键路径图由四个里程碑事件构成，可以看出，里程碑事件 A 是项目的开端，而里程碑事件 D 是项目的结尾，剩下 B、C 事件是项目的中间环节，可以同时进行。如此，就形成了 A–B–D 和 A–C–D 两条关键路径，从项目耗时较少的角度考虑，A–B–D 路径显然要比 A–C–D 路径更好一些。

在这个过程中，项目经理还要对一些成功率较低的节点任务做出安排，如果这个节点任务与项目目标的关联并不大，那就可以直接删除掉这一节点任务；但如果这一节点任务对项目目标具有重要影响，而其成功概率又很低，那项目经理就要对资源进行合理调整和置换，找对人、给足钱，尽量提高节点任务的成功概率。

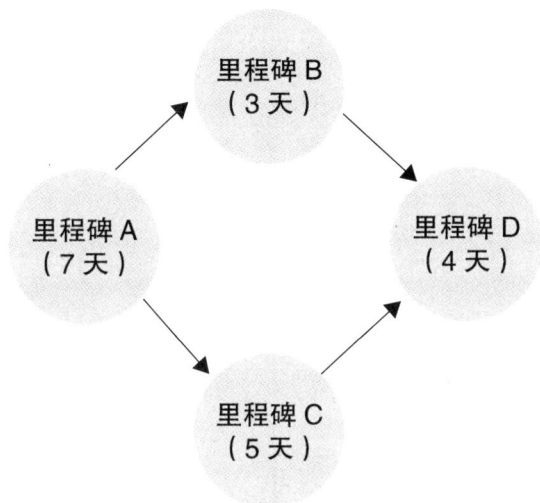

里程碑 B
（3 天）

里程碑 A
（7 天）

里程碑 D
（4 天）

里程碑 C
（5 天）

在上图中，如果里程碑事件 B 的成功率极低，而里程碑事件 C 的成功率极高，那项目经理就要重新考量一下，哪条路径才是性价比更高的项目路径了。

那为什么会出现较低成功概率的节点任务呢？

一方面如前面所说，是因为资源的分配不合理，项目经理没安排对人，或是没给够预算，所以节点任务开展得不顺利。

> **路径对比优化**
> 路径对比优化工作可能会推翻此前的已完成的工作，但只要有益于更好地实现项目目标，即使一些工作需要推翻重做，也是值得的。

另一方面则是项目目标分解的不到位，也就是说，这个节点任务还可以细分。当把它再细分成两个或更多活动后，我们会发现先完成某个活动后，若整个节点任务的成功率会出现明显提升，那这就是项目目标分解不到位的问题。

路径分析

质量最优

成功率最优

时间最优   费用最优

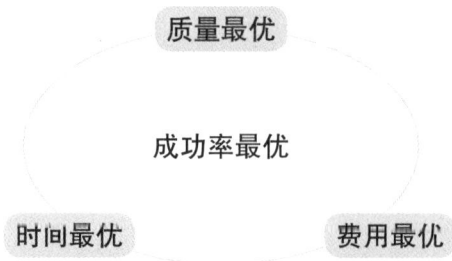

> 爱好旅游的人很多，在出门旅游之前做清单的人却并不多，如果把一次旅行当成一个项目，而将到达旅行目的地作为任务目标，那制作旅行清单就是这个任务中的一个小环节。虽然这个小环节看上去是可有可无的，很多时候却决定着我们能否顺利达到旅行目的地。
>
> 有做旅行清单的人一般会在出行前按照清单罗列的内容做好出行准备，这样他们就可以规避掉忘带身份证、忘带护照等事情，而这些事情恰好又是影响任务目标实现的关键因素。那么，在加入"做旅行清单"这个小环节后，这个任务的成功率就会明显提高。

在这两方面情况之外，任务环节较少、不够细致这种情况也会导致节点任务的成功率较低。

较低成功率的节点任务是必须要进行优化的，项目管理者可以删减或替换掉较低成功率的节点任务，也可以通过分解低成功率任务或增加任务环节，来提高节点任务的成功率。

总结与思考

● 试着找出当前工作中成功率较低的节点任务，看一看能否规避掉这一任务而顺利达成工作目标。

12

项目计划书第五个步骤：制作项目任务列表

内容提要：

任务列表是用文字、表格等形式展现项目任务的一种工具，其在内容表述上要比项目关键路径图更具体、更细致，是项目组成人员开展项目工作的重要指南性文件。

12.1 从任务目标到任务结束

任务列表也是项目行动计划书中的一项重要内容，与项目关键路径图不同的是，任务列表更侧重于用文字、表格等形式来展现项目任务，其在内容表述上要更为具体，也更为细致，一些任务列表还会包括项目时间排期等内容。

> **项目任务列表**
>
> 任务目标、任务输出、关键活动、时间周期，这些都是任务列表中的重要条目。

在很多时候，任务列表都是搭配项目关键路径图一同应用的，对于项目中的每个任务来说，任务列表相当于一种任务执行指南，按照任务列表上对该内容的描述去执行，任务目标就会顺利实现。

在制定任务列表时，项目经理需要重点关注任务目标、任务输出和关键活动这三方面的内容。

任务目标是任务列表中最为重要的内容，其与项目目标一样，是要可量化、可执行、可评估的。除了要确保这些特征外，在书写时，项目经理还要把这一内容写得尽量清楚，让任务经理和项目小组成员能够轻松理解。

任务输出是任务结束的标志，通常表现为任务执行过程中产生的重要工作成果。比如，在新产品研发任务中，任务输出就是新产品研发成功，并且被证明可以达到预期效果；而在文案策划任务中，任务输出就是策划文案出炉，并且被认为可以开始执行。

关键活动是任务执行过程中的事件，是为了达成任务目标而必须做的重要工作。项目经过拆解会变成一个个任务，而任务经过拆解便会变成一个个活动，在这些活动中，对任务成功起到重要作用的活动，都是任务中的关键活动。

寻找关键活动需要运用到基于目标的必要条件思维原则，项目经理应该从任务目标出发，在将任务目标分解后，找出那些影响任务目标实现的关键活动。

总的来说，项目经理在制定任务列表时，需要确保写入任务列表中的内容能够被项目小组成员所理解，尤其是前面提到的三方面内容，一定要让所有参与项目的小组成员都理解，这样的任务列表才是有意义的、有价值的。

总结与思考

● 试着按照上面提到的内容，列出当前工作的任务列表。

12.2　任务列表中的关键活动

　　任务列表中的关键活动决定着任务目标能否顺利实现，关键活动来源于任务中的具体工作，但并不是单纯的任务工作。

　　在任务层级下，可分解的活动是多种多样的，这些活动都是具体的任务工作，在任务执行过程中发挥着各种各样的作用，究竟哪些任务工作是关键活动，还需要项目经理对项目进行较为细致的分解。

　　基于项目目标将项目逐层分解，分解的层级越多，越容易找到任务中的关键活动，但究竟在哪一层级中能够找到关键活动，则需要根据具体的项目实际来确定。

　　有的项目分解到第三层级便能找到所有的关键活动，有的项目则要在第四、第五层级才会出现所有的关键活动。在确定关键活动的过程中，项目经理可以从对任务目标达成的影响率，以及为项目带来的风险这两方面去考量。

关键活动

　　任务列表中的关键活动之所以"关键"，是因为其会对任务目标达成造成很大影响，进而又会对项目目标的达成造成或多或少的影响。

　　任务列表中所列的关键活动一定是对任务目标达成影响很大的活动。比如，在文案策划任务中，策划讨论、资料整理、文案撰写、文稿检查这几项活动，对任务目标达成都具有一定的影响力，相对而言，策划讨论和文案撰写算是几项活动中较为重要的部分。

从整体上来考量，资料整理和文稿检查这两项活动虽然对任务目标达成的影响力比较小，却是文案策划中不可或缺的重要活动，所以在确定关键活动时，也要把这两项内容一并算上。

任务列表—关键活动意义

1. 从历史出发，继承已有项目的经验

2. 从细节出发，避免前期宏观思考的漏洞

3. 从过程出发，防范执行过程中出现的风险

除了对任务目标达成影响很大外，任务列表中的关键活动还会对任务甚至是整个项目带来较大风险，项目经理也可以从这一角度去确定关键活动。

在这一角度来看，任务中的关键活动往往是一些小事，比如，在航天飞机发射任务中，螺丝钉的安装及检查工作便可以算作关键活动，这虽然是件极其细微的事情，其为任务所带来的风险却是非常大的。

在任务列表中列出关键活动，既可以帮助项目经理减少项目执行过程中的风险，又能提高项目中任务的成功率，进而从整体上提高项目的成功率，项目经理要对其予以足够的重视。

总结与思考

● 试着找出当前工作任务列表中的关键活动，仔细审视这一活动对当前工作的影响。

12.3　任务列表示例：办理签证任务

任务列表是项目关键路径图后的又一面屏障，即使项目经理在关键路径图设计上出现了些许问题，只要任务列表做得足够细致、足够全面，项目也是能够顺利执行的。但如果关键路径图出了问题，任务列表又没有列好，那项目执行的前景就不那么乐观了。

为了确保项目经理能够制定出规范的任务列表，我们在这里以"办理签证任务"为例，详细讲解一下制定任务列表的细节。

制定任务列表多从任务编号开始，任务列表中的每一个任务都对应着关键路径图中的一个节点，项目经理需要将所有与这一任务有关的内容都写在任务列表中，如果说关键路径图是"清楚的图"，那任务列表就是"详细的文"。

假设"办理签证"是第一个任务，那在任务编号一栏中就要填写"1"；而在任务名称一栏中，则要填入"办理签证"；任务目标一栏要写得尽量详细，将可能涉及的人、事、物都写全。在这一任务中，任务目标一栏就可以填写"3名赴欧洲考察人员签收审核通过的欧洲签证"；相应的，任务输出也就是任务结束的标志就是"3张审核通过的欧洲签证"。

那这一任务中的关键活动都有哪些呢？

在确定关键活动时，一定要从任务目标出发，这个任务的目标是"3名赴欧考察人员签收审核通过的欧洲签证"，所以我们要基于这个任务目标，去倒推、分解，进而找到达成这一目标所需要做的所有关键活动。

在"办理签证"任务中，较为基础的关键活动有：确定赴欧考察人员、筛选签证代理、确定签证代理并缴费、提交必要证明材料。这是四项较为基础的关键活动，但实际上，这些关键活动分解得还不够细致，至少在提交必要证明材料环节中，还可以分解填写签证申请表格、前往有关部门进行必要的审核等活动。

任务列表中所列举的关键活动越细致，任务执行的过程就越顺利，这正是我们在标题中提到的"头头是道"的内容，前期准备越充足，任务执行就越有条理、越有头绪，任务目标的达成率也就会越高。

在制定任务列表的过程中，项目经理要注意，任务列表中的内容可以与关键路径图有一定的重复，但尽量不要出现大面积的重复。有的项目经理喜欢照着项目关键路径图来制定任务列表，直接将关键路径图上的内容移植到任务列表中，这种做法是毫无意义的。

任务编号	任务名称	任务目标	任务结束标志	关键活动	任务经理	起止时间
2	办理签证	3 名考察人员签收审核通过的欧洲签证	审核通过的欧洲签证	1. 确定 5 名待考察人员名单 2. 筛选 3 家签证代理公司 3. 确定签订代理公司并缴费 4. 准备签证资料并提供至代理公司 5. 组织待考察人员进行面签 6. 签收不少于 3 名待考察人员审核通过的签证 7. 确定考察人员名单	张春华	7.3～8.5

什么内容要写在关键路径图里，什么内容要写在任务列表里，什么内容要精简来写，什么内容要详细表述，对于这些问题，项目经理要有一个综合的考量，要确保写下的内容都有价值，同时也要确保项目小组成员都能理解并有效执行这些内容。

项目管理思维 14：性格与工作匹配原则

在制定任务列表过程中，性格与工作匹配原则是项目经理需要运用好的思维。对于项目经理来说，选择谁来担任任务经理，除了要看任务要求外，还要看目标对象的性格。在这一过程中，项目经理需要就"谁适合哪个任务"做出一系列判断。

当一个任务被完完整整地写在任务列表上后，项目经理便可以根据任务目

标要求去自己的项目小组中寻找性格与
之相匹配的成员，这便是对性格与工作
匹配思维原则的运用。

为什么一定性格要与工作匹配呢？
虽然这项思维原则更多是在强调性格与
工作要求匹配，但每一位项目经理其实
都很清楚，选择任务经理，能力是一种

> **性格与工作匹配原则**
>
> 让急性子的人去做细致工作，出错的概率可能会增加。同样，让慢性子的人做紧迫工作，效果也不会太好。

固定素质，如果这个人没有足够的能力，那项目经理是不会将他纳入任务经理
的备选名单之中的。

一般来说，在确定任务经理前，项目经理需要从项目小组成员中筛选出一
些工作能力突出的人，而后再从这些人中选择谁去负责哪个任务。可能在前半
部分环节，项目经理要用前面提到的前期调研的思维原则，而在后半部分环节
中，项目经理就要用性格与工作匹配的思维原则，将这些工作能力突出的成员
分配到与他们性格相匹配的任务之中。

任务经理作为管理者，除了需要过硬的工作能力外，还需要具备一些其他
能力，比如，沟通能力、协调能力、统筹能力，这些都是项目管理过程中的重
要能力。很多时候，这些能力的发挥，都与个人的性格息息相关，这也是我们
要强调性格与工作匹配的原因所在。

相比于个人去攻坚，任务经理更多的是要带着队伍一同克服困难，如果他
没有责任心、不想与人沟通、难以承受压力，那整个任务就会受到影响。所以
从这一角度来讲，对任务经理的性格判断要比能力评估更为重要。

需要指出的是，即使运用了性格与工作匹配的思维原则，项目经理在判断
谁更适合做哪个任务时，也并不是完全准确的，其结果多是项目经理个人的一
种相对准确的主观判断。

为什么要说相对准确呢？因为至少在计划阶段，目标对象的性格能力和任
务工作的具体要求是相契合的，至于在任务执行过程中会产生什么问题，单纯

靠前期判断是没办法预料的，所以项目经理还需要严格监控任务推进流程，发现任务经理出现问题，就要及时进行更换或调整。

总结与思考

● 作为项目执行人员，如果发现项目经理制定的项目任务列表与关键路径图上的路径安排有冲突，该怎么办？

━━━ 课后延伸 5 ｜ 如何设计项目关键路径图 ━━━

1.根据本章内容,基于某一项目目标的必要条件,完成项目关键路径图(路径图节点要完成排序)。

项目总监小吴:

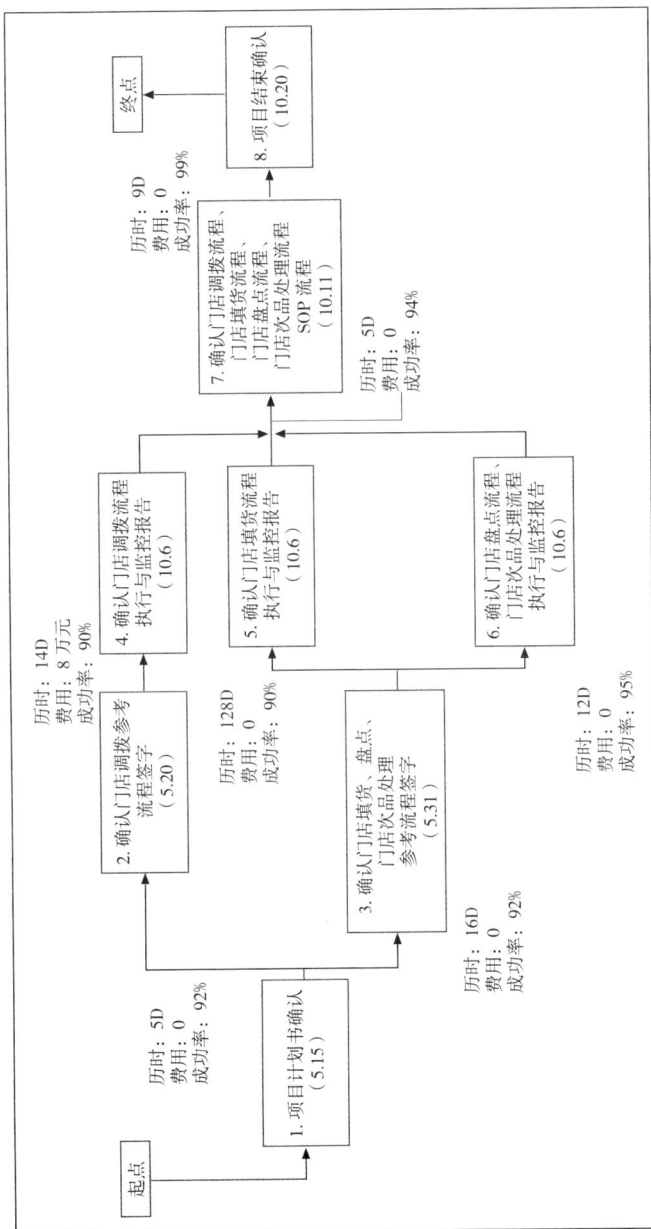

王老师点评：

关键路径图中的节点描述应以"确认……"或"……确认"为主要形式。

关键路径图相当于"行军的路线图"，文字内容不必太多，只要行进方向和节点描述没有问题，就能保证项目朝着成功的方向开展。

6

关键问题分析与项目时间排期

项目计划书第六个步骤：关键问题分析

内容提要：

项目关键问题分析主要来源于项目关键路径图中成功率最低和较低的任务，找到那些影响任务成功率的关键问题，进而分析出解决这些问题的具体方法，这样便可以防止风险和意外发生，提高项目的成功率。

13.1　关键问题就是风险和意外

从外在表现来看，关键问题与技术原则颇为相似；从根本内涵来讲，二者却是完全不同的。技术原则的重点在于过去经验与教训的总结，而关键问题的重点则在于错误发生的可能性与破坏性。

从发生概率上来讲，技术原则是在项目推进过程中一定会发生的，但通过总结过往项目的经验教训，可以避免其对项目造成的负面影响。而关键问题在项目执行过程中发生的概率很高，一旦发生，其对项目所造成的危害也比较大，需要有针对性地加以预防。

> **关键问题分析**
>
> 项目关键问题分析主要是为了提高项目的成功率所做的一项工作，项目运作过程中的各种风险和意外都要给予足够重视。

大概率发生，并且破坏性很高，这种事件便是项目执行过程中的关键问题，它是各种不确定变化所带来的风险和意外，是一种"可知的未知"。

"可知的未知"这种表述听起来似乎有些荒唐，"可知"了怎么能是"未知"呢？我们说关键问题是"可知的未知"，一方面是在强调其是可知的，也就是说，项目管理者结合过去和现在的状况，以及对未来的预期，能够判断出这一问题；另一方面则是在强调其未知性，即虽然可以判断其发生和危害，但这一问题并不一定在项目执行过程中出现。

如果还是不理解上面这些绕来绕去的解释，想要简单了解关键问题的定义，那就只需要记住：这些问题是项目执行过程中发生的概率较高，对项目目标实现影响较大，却并不一定发生的事件。项目管理者真正应该关注的是如何找到这些关键问题，而不是停留分析其定义上。

项目技术原则多来源于过去的经验与教训，那是不是关键问题也要从过去的经验与教训中寻找呢？项目管理者可以有这种思考，但大可不必这样去做，因为想要将项目中的关键问题描述清楚，只需要看一看关键路径图中那些成功率较低的任务就可以了。

在同一个项目中，为什么有的任务的成功率是 70%，有的任务的成功率是 90%，而有的任务的成功率是 100%？很简单，因为成功率为 70% 的任务中，有一些问题是项目管理者比较担心的，这些问题一旦发生，会影响任务目标的达成。任务在关键路径图中的成功率越低，这些问题发生的概率就越高。

在"装修卫生间"这个项目中，通常会包括以下几项任务：

（1）做整体防水；

（2）镶嵌墙砖；

（3）镶嵌地砖；

（4）瓷砖勾缝；

（5）安装卫生间用具；

（6）安装卫生间门。

项目管理者若想找到这个项目中的关键问题，那只需从上面任务流程中选出成功率较低的任务，并将其中的问题量化清楚即可。

通过分析可以知道，在"装修卫生间"这个项目中，"做整体防水"的成功率最低（出错率最高），同时也是整个项目中最为关键的任务，如果防水做不好，整个卫生间就要全部拆掉重装，因此，在确定关键问题时，将"做整体防水"这个任务中的一些问题量化就可以了，比如，防水要做多厚、多高，要做几次……

项目管理者可以依据关键路径图，从成功率较低的任务开始，逐一确认其中的关键问题，并将这些问题量化在书面上。

一般来说，成功率达到或是超过 90% 的任务，就不必再去确认其中的关键问题了，当然，这还要看项目管理者的一个主观判断。如果项目管理者觉得自己能够控制这类任务中的风险，那就不必去分析其中的关键问题；如果觉得自己并没有十足的把握掌控这类任务中的风险，那还是老老实实地将关键问题写在项目行动计划书中更稳妥一些。

计划虽然总是赶不上变化，但多做一些计划，多打一些提前量总是没错的。在确认好各任务中的关键问题后，项目管理者便要着手对这些问题进行分析，并给出一些切实可行的方法来应对这些问题。

项目执行过程中的很多失误并不是天降灾祸，而是人为计划不足所致，关键问题分析就是为了避免"人祸"的发生，进而将关键问题的发生率降到最低。"防"胜于"灭"，等到关键问题出现后再去琢磨解决办法，项目实际完成效果就会大打折扣。

总结与思考

● 试着找出当前工作中成功率较低的节点任务，并将其量化地呈现在纸面上。

13.2　关键问题分析："防"与"灭"的对策

在关键问题分析时，项目经理一定要先有一个场景化的考量，针对某个关键问题在头脑中形成一个风险场景的画面，然后用通俗的语言将这个画面描述出来。尤其是对于那些风险的触发条件，要有一个足够细致的场景化描述。

比如，我们将"下雨"作为项目的关键问题，如果下雨了，项目目标的实现就会受到影响。这时候，在分析关键问题时，项目经理就要以场景化的方式描述好"下雨"这个关键问题，让所有项目小组成员都知道具体场景，是小雨、中雨，还是大暴雨。

同时，项目经理还需要对"下雨"的触发条件进行场景化描述，比如，打雷、闪电就是"下雨"的触发条件，乌云密布也是"下雨"的触发条件，这些内容也要在关键问题分析时表述清楚，让项目小组成员明白，当这些场景化条件出现时，要提高警惕应对可能发生的关键问题。

此次降雨，是由暖湿气流遇到冷空气而形成的。

描述好"下雨"的触发条件

在场景化描述之后，项目经理便要着手考虑关键问题"防"与"灭"的对策了，有哪些方法能够避免关键问题的发生，又有哪些方法能够减少关键问题对项目目标造成的损失？这也需要项目经理在项目计划书中予以详细表述。

所谓"防"的对策，指的是当风险触发条件出现后，项目小组成员应该采取哪些举措来应对可能到来的关键问题（风险事件）。如果应对得当，那关键问题便不会发生，"防"的目的便达到了。

而"灭"的对策，指的是风险触发条件并没有出现，关键问题（风险事件）却发生了。这时候再采取预防措施已经没有意义了，所以项目小组成员应该使用"灭"的方法，将损失降到最低。

一般来说，"防"的对策要比"灭"的对策更难设计。如果项目经理能够想到一些有效的预防措施，那将预防措施与解决关键问题的措施一同写入项目计划书中是最好的；但如果想不到有效的预防措施，就只能在"灭"

> **关键问题是"防"与"灭"**
>
> 无论是"防"，还是"灭"，在设计时都要做足准备。关键时刻，"防""灭"结合更能取得理想效果。

的对策上多下功夫，尽可能地减少关键问题对项目目标达成所造成的影响。

> **总结与思考**
>
> ● 针对已经量化的当前工作中存在的较低成功率的节点任务，设计一些有效的"防"与"灭"措施。

13.3 "三步走"应对关键问题

项目经理所制定的"灭"的对策并不一定要完全解决关键问题，只要能够将关键问题的影响控制一定范围内，尽可能地降低项目损失就可以了。如果有好的解决对策，能够完全消除关键问题的影响，那当然是关键问题分析工作的最理想结果。

关键问题分析步骤

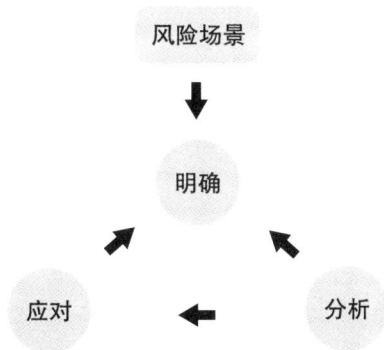

较为常见的关键问题应对方法主要有两种，一种是资源替换法，比如，在项目执行过程中，a 资源出现了问题，那使用 b 资源进行替换就可以了；还有一种是备选方案法，比如，在项目执行过程中，原定任务运作方法出了问题，那使用备选方法就可以了。

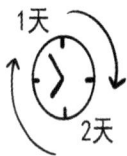

明确时间

·指的是何时开展应对措施，是风险触发条件发生 1 天后，还是 2 天后，或是关键问题发生 1 天后，还是 2 天后，项目经理要在项目计划书中清楚明白地规定好这一内容。

明确角色

·指的是谁来负责开展应对措施，哪些人将参与其中。一般来说，任务中的关键问题多由任务经理负责，项目经理可以从整体上予以监控，项目小组成员则是应对关键问题的重要参与者。

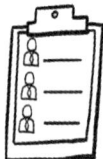

明确权责划分

·指的是每个参与者在应对关键问题过程中所承担的责任，谁是主导者，谁是执行者，这些内容都需要项目经理在项目计划书中表述清楚。

关键问题的应对方法虽然只有两种，其所包含的应对措施的细节却是多种多样的。一般来说，关键问题的具体应对措施主要有三方面内容：一是明确开展应对措施的时间，二是明确应对过程中的角色，三是明确应对过程中的权责划分。

一些具体的关键问题分析，在表述时要守住底线，同时也要提高标准，尽可能地表述清晰，才能让项目小组成员理解，并按照具体的措施去执行。

总结与思考

● 根据当前工作中较低成功率的节点任务的具体情况，选择适当应对方法，按照上面提到的三个步骤制定解决方案。

13.4　关键问题分析示例：专家不干了

负责关键技术的专家突然离职怎么办？

这是项目经理在推进项目过程中，很可能遇到的关键问题。专家离职会导致项目关键节点的技术问题无人解决，项目便会由此陷入停滞，如果项目经理拿不出什么有效的应对方法来，这一关键问题的出现将会大大影响项目目标的实现。

那么，项目经理要如何应对这一关键问题呢？

第一步，项目经理需要在日常工作中做好这一问题的应对。比如，项目经理每天都要按时完成项目日志的撰写，并将日志归入项目档案之中；在记录项目每天的正常进展外，项目经理还要着重对技术专家的工作进行追踪，并将技术专家的工作内容形成书面化记录。

单纯完成日常工作记录对解决"关键技术专家离职"并没有太大作用，这只是一种常规性工作。将技术专家的工作内容形成书面化记录后，可以让后续接手项目的专家更好地开展工作。

第二步，项目经理在处理项目关键技术节点问题时，可以邀请多位专家一同参与讨论，使用网状思路，并生成会议纪要。不将这一问题捆绑在一个专家身上，可以明显降低"关键技术专家离职"这一关键问题发生的概率，这是一种十分有效的"防"的对策。

第三步，如果"关键技术专家离职"已经发生，那项目经理需要聘请其他专家或第三方权威机构接替原专家的工作，这便是前面提到的"资源替换"，也是一种"灭"的对策。

需要注意的是，在撰写关键问题分析的具体内容时，项目经理要用精准度更高的语句去表述。比如，上面这第三步应对措施，写成"当关键技术专家离职后 3 个工作日内，项目经理必须完成外聘第三方权威机构的专家接任"，显然要比写成"当关键技术专家离职后，外聘第三方权威机构的专家接任"好得多。

什么时间？什么条件？什么角色承担什么责任？什么流程来实现这个责任？项目经理不仅要在项目计划书中清楚地表述这些内容，还要让项目小组的成员都真正了解这些内容，这样才能确保这些应对措施能够落实到位。

项目管理思维 15：不确定因素转换原则

不确定因素转换原则是指在事前寻找不确定因素，并将之转化为相对确定因素，使其在可控范围内的项目管理思维。不确定因素转换原则在关键问题分析过程中发挥着重要作用。

项目执行过程中的不确定因素主要有两个，一个是环境因素，一个是第三方不可控因素，许多项目中的关键问题也正来自这两方面因素。

环境因素既包括工作环境，也包括政策环境，工作环境的变化或政策环境的变化，都有可能引发一些关键问题，而这些关键问题会对企业项目目标的实现造成较大的不利影响。

第三方不可控因素指的是整体环境没有变化，但项目执行需要与外界产生各种各样的联系，在这种联系过程中，会出现较多的第三方不可控因素，由此便会引发各种各样的关键问题。

相对来说，环境因素是一种较为硬性的东西，这种因素出现之后一般很难改变；而第三方不可控因素则是一种相对软性的东西，项目经理可以使用一些方法将其改变。

·对于环境因素引发的问题，主要依靠已有经验来解决，想要减少这类问题，充分调研是很有必要的。对于第三方不可控因素引发的问题，可以通过一些事先定下的契约对可能发生的问题进行控制，从而将其转变为可控因素。

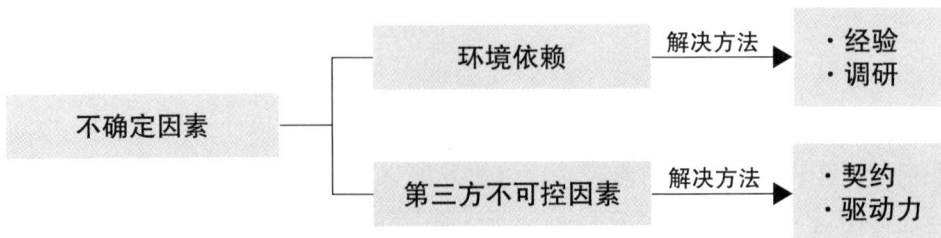

　　不确定因素转换原则强调，在项目执行过程中将那些不确定因素转换为确定因素，并对这些因素进行控制和约束。

　　在具体应用上，项目经理要重视项目前期的调研工作，多开展一些必要的信息收集活动，深刻理解社会环境和行业现状，从宏观的层面去寻找环境因素中的不确定因素。而在应对第三方不确定因素时，提前制定一些控制和约束机制要比前期调研更为有效。

　　综合应用这两种手段，便可以将项目执行过程中的不确定因素转换为确定因素，进而降低项目运作的风险，推动项目目标的最终实现。

总结与思考

　　● 试着分析当前工作中是否有需要专家完成的任务，如果没有专家，你打算如何解决这些任务？

14

项目计划书第七个步骤：安排项目成员及资源投入

内容提要：

对项目成员及资源投入的安排，是项目经理必须要处理好的工作。项目成员的安排主要是让项目组成员都能各尽其责，项目资源投入的安排则是对项目投入时间和资源的整体规划与把控。

14.1　各司其职，各尽其责

在做好前面几项工作后，项目经理便需要对项目成员及资源投入进行合理安排，这项工作也是项目计划书的一部分，也需要在计划阶段来完成。

项目成员的分配就是一个各司其职的过程，项目经理可以用一张简单的表格把各个

> **项目组成员**
>
> 单是项目经理明白项目组成员的职责是没有意义的，只有项目组成员都明白自己的职责才有用。

项目成员的职位与职责表述清楚。在这些基本内容之外，项目经理还可以在表格上有一些个性化的创新。比如，把表格做得更漂亮些、更精致些，无论怎么创新，那些通用的、具体的工作职责安排是必须要有的。

项目资源的投入主要表现在时间和预算两个方面，根据前面已经制定完成的项目关键路径图和任务列表，项目经理对项目的时间和预算有了一个明确的判断。在这一阶段，项目经理需要将这些内容写出来，并让项目小组成员理解。

项目经理需要通过一张表格，让项目小组成员清楚自己在这一项目中的职责，以及有多少时间去落实这一职责。至于预算，则是项目经理根据小组成员为项目投入的时间和精力计算出来的，包括各种各样的费用支出。

项目经理需要注意，在项目成员及资源分配过程中，不要用"最理想的情况"去考虑整个项目，也不要将过多的任务分配给同一个人。

一般来说，在一个项目中一个人最多只能承担 30% 的工作，当然，也有一些短期的小项目可能由项目经理一人负责所有的工作，但在大多数需要团队配合的项目中，单人最多承担的工作还是不应超过总工作的 30%。

30% 的工作负担量也可以看成是对项目经理的要求，一些短期的小项目不需要团队配合，项目经理一人负担所有工作是可以理解的，但如果在一个需要团队配合的项目中，项目经理还是参与到每一个任务环节，那这个项目经理就是不称职的。

项目组成员		职　　责	基准分
项目总监		1. 项目启动及项目评价 2. 实施过程关键问题讨论及建议	\
专家		1. 技术指导 / 培训 / 带教 2. 关键技术点决策	
项目经理		1. 制定项目计划 2. 整体项目时间、资源协调 3. 对项目目标负责	
任务经理		1. 制定任务计划 2. 对任务目标负责	
其他人力资源		职　　责	
			\

项目经理多承担工作竟然还是不称职的表现？这似乎让人难以理解，但这正是项目管理的要求，也是企业开展项目管理工作的意义所在。项目管理会将企业中复杂的事务简单化，通过合理分配工作任务，均衡配置各项资源，来提高工作效率，在这种情况下，如果项目经理还要全程参与到项目执行过程的每一个细节中，那这个企业的项目管理方案就是失败的。

项目经理要学会将自己的工作分解，交给任务经理来完成，而减轻了工作负担后，项目经理便可以从一个更全面的视角去全程监控项目的进展情况。这一点用在任务经理身上也是如此，将项目工作合理分配到每个项目小组成员身上，让每个人都各司其职、各显其能，这才是项目管理的价值所在。

总结与思考

● 思考一下，如果项目组成员不满意自己的工作安排，项目经理应该怎样应对？

14.2　如何估算投入时间

时间是项目管理中的重要概念，在项目行动计划书中，项目经理需要运用一些有效的方法来对项目各环节需要投入的时间进行预估。

在我所参与的一些项目实践中，有一些项目经理习惯使用最为基础的"笨办法"来估算投入时间。这个"笨办法"就是将项目目标分解到位，分解得越细，就越有利于估算具体项目环节的投入时间。

项目组成员	预估方法
技术专家	·以"用时"计算 ·借助"项目时间排期"确定技术专家投入的环节 ·使用 Pert（计划评估和审查技术）定理预估用时
立项人	一般为项目历时
项目经理	一般为项目历时
任务经理	通过"任务列表"中的"任务历时"统计

这一点是很好理解的，如果将项目目标分解到任务层级，那通过对每个任务投入时间的预估，项目经理会得到一个项目投入时间；如果将项目目标分解到关键活动层级，通过对每一个关键活动投入时间的预估，项目经理最终也会得到一个项目投入时间。

那究竟这两个项目投入时间哪一个更为准确呢？毫无疑问，在保证影响因素相同的情况下，通过关键活动投入时间预估出来的项目投入时间更为准确。

通常情况下，那些经验丰富的项目经理对于项目目标拆解和投入时间预估有很好的把握，他们用这种基础方法就能大致估算出项目各环节的投入时间。但在更多情况下，项目经理单纯凭感觉和经验去预估项目投入时间是不可靠的，这时候，将基础经验与特定公式结合，往往会取得意想不到的结果。

即使是依靠特定公式进行估算，分解项目目标也是必要且基础的操作，这样估算出来的结果才会更为准确。

总结与思考

● 思考一下，如果项目组成员所预估的投入时间与项目经理所预估的投入时间产生差异，这种情况该如何解决？

14.3　项目成员及资源投入示例：品牌定位项目

下面我们以一个品牌定位项目为例，来具体介绍一下项目成员及资源投入的表格要怎样规范填写。

在某个品牌定位项目中，项目成员主要有四个人，小李是项目经理，小韩和小王是任务经理，小张是技术专家。这个项目的整体预算是 30 万元，项目周期是 40 天，在这些内容确定后，我们便可以据此来完成表格的填写。

这里需要注意的是，小张作为技术专家，并不会全程参与项目，所以在填写其投入时间时，一般以用时来计算，比如，"20 小时""40 小时"这种表述，而不是采用"10 天""20 天"这种表述。

与技术专家不同，项目经理需要全程参与项目，虽然不需要亲自去做每个环节的工作，但监控整个项目是其职责所在，也是需要计算投入时间的。从项目启动到项目结束全程参与，那项目经理所投入的时间就可以直接写成"40 天"，与项目周期保持一致。

这里还要注意，"工作日"和"自然天"这两种表述是不相同的，上面提到的"40天"便是一种"自然天"的表述，既包括工作日，也包括休息日。项目经理在填写表格时要注意好这种表述上的问题，防止发生不必要的工作失误。

任务经理小韩和小王在项目中投入的时间显然没有项目经理长，如果这个项目只有这两个任务的话，那二人投入在项目中的时间之和应该等于项目周期。

当然，在具体估算时，还是将二人负责的任务分解得细致一些，才能得到更为准确的结果。

项目组成员及资源投入

项目组成员			投入时间 （技术专家以用时计算，其他以历时计算）	职责
2018 年品牌定位项目	技术专家	李磊	30 小时	技术指导 / 培训 / 带教关键技术点决策
	项目经理	韩梅梅	40 个工作日	整体项目时间、资源协调对项目目标负责
	任务经理	王武	10 个工作日	任务执行对任务目标负责
		张涛	25 个工作日	

项目预算：30 万元
备注：实际项目组成员及资源投入仍以保障项目高质量完成为基准

表格中除了要填写时间外，还需要填写项目成员的相关职责，这一点从他们所处的职位就可以很好地判断。无论是具体常见的职责，还是个性化的职责，项目经理都要如实填写，填写得越仔细，就越容易让项目组成员理解。

在项目预算表格中，由于已经完成了基于项目目标的分解工作，项目经理应该对整个项目的各个细节有了充分的了解。在这一基础上，项目经理需要把从项目启动到结束的整个起止过程中所涉及的费用都填写在表格中。

总结与思考

● 试着按照上面的项目成员及资源投入表格模板，完成当前工作的项目成员及资源投入表格。

项目计划书第八个步骤：设计项目时间排期

内容提要：

项目时间排期是具体的工作进度表，是监督和管控项目进程的重要工具，是更为细致的项目工作安排，每个人都能在排期表中找到自己所负责的工作和完成工作所需的周期等内容。

15.1　可视化的项目时间排期表

在前面的章节中,我们一直强调"细节!细节!"但实际上项目计划书真正的细节是在项目时间排期环节,或者说是在项目时间排期表上。与项目关键路径图和任务列表相比,项目时间排期表要更为直观、也更为可视化。

> **项目时间排期表**
>
> 项目时间排期表必须一目了然,要让项目组成员看一眼就知道自己该在什么时间完成什么工作。

项目经理想要真正对项目执行过程进行管控,依靠的不是项目关键路径图,也不是项目任务列表,而是项目时间排期表。如果说项目关键路径图是项目开展的路线地图,那项目时间排期表就是项目进度的全景地图。

项目关键路径图和任务列表强调的是"什么是项目中最重要的工作""谁要在什么时间内把这项最重要的工作完成"等问题,而项目时间排期表强调的则是为了实现项目目标,要怎样管理整体资源进度的问题。这种区别决定了项目经理必须通过准确细致的项目时间排期表,来对项目进度和资源计划进行管控,以确保项目目标以更高概率达成。

项目管理导入 CPS			2021 年 1 月						2021 年 2 月	2021 年 3 月
具体工作内容	第 4 周	第 5 周	第 1 周	第 2 周	第 3 周	第 4 周	第 5 周		
1. 启动项目管理培训									
2. 确定第一季度项目计划书									
3. 项目管理表单工具、管理制度、管理办法、管理流程、考评方式导入									
4. 第一季度项目启动会									
5. 项目管理训练									
6. 组件 ×× 项目管理督导小组									
7. 确定第一季度重点项目跟踪计划									
8. 第一季度重点项目例会跟踪									
9. 项目归档及总结									

既然是项目时间排期表，那时间必然是表格中的重要元素。除了时间外，表格中另一重要元素便是项目细节，所谓"项目细节"就是指基于项目目标分解而来的任务、活动，或者是活动层级以下的项目工作。

想要被写入项目时间排期表中，这些内容就要被分解得足够细、足够量化，分到不能再分为止。项目时间排期表上的所有内容最好都是关键活动，一个关键活动衔接一个关键活动，这样排布下来，整个项目执行流程的安排就会清晰地呈现在每个人面前。

总结与思考

● 试着将当前工作中的关键活动罗列出来，并完成项目时间排期表的填写。

15.2　双周管控原则

双周管控原则又被称为"80 小时管理原则"，这是项目管理中的一种重要的时间管控方法。

很多时候，项目经理为了把项目时间排期表做得足够细，会每天一监控、每天一记录，有极端的情况，甚至会每个小时一监控、每个小时一记录。从项目管理的角度来讲，大多数项目都没有必要把时间排布地如此精细，通常来说，每周监控一次、每周记录一次就可以了。

> **双周管控原则**
>
> 　是单周管控，还是双周管控，关键还要看项目总的周期。项目周期短，管控频率就高一些，项目周期长，管控频率就低一些。

当然，因为项目的不同，时间排期也会有所不同。但根据双周管控原则的要求，项目中的一个工作至少要一周监控一下进度，至多则要在两周时间内得出一定的结果。如果一项工作在两周之内没有出结果，项目经理又没有及时去跟踪工作进度，那这项工作就很可能会走向失控。

比如，一个年度项目，有的项目经理会分成四个季度的排期，等到第一个季度结束时，再去查看项目进度。这样操作的后果就是等到项目经理去查看项目进度时，这个项目可能已经偏离预定路径十万八千里了，这与其说是有排期，倒不如说没排期。

所以，对于项目经理来说，只有在两周或者 80 小时工作时间内去管控这项工作，才能及时发现其中的风险。

制定项目时间排期表就是为了监控好进度、管控好记录，这是一个非常细致的表格，需要在坚持 80 小时双周管控原则的基础上，对项目目标进行分解和量化。如果分解不到位、量化不到位，那整个项目的进度就无法管控、成果就无法衡量，项目目标也就很难实现。

项目管理思维 16：理论检验创新原则

对于第一次引入项目管理方法的企业，理论检验创新这一思维原则是用不到的。但对于那些曾经开展过项目管理工作的企业来说，这一思维原则确是可以应用，并且有必要将其贯穿到项目工作始终。

理论检验创新原则强调，项目经理在某一项目环节中已经形成了一定的方法论，他可以依靠这一方法论来完成这一项目环节的工作，那么在这一方法论基础上，他就能采取一些创新性的方法，来提高这一项目环节的工作效率，去追求更好地工作成果。

这里所说的"已经形成了一定的方法论"，可以是此前项目中的经验总结，也可以是约定俗成的工作方法，只要是被证明能有效解决项目工作的方法就可以。而"创新性方法"则是说要立足于已有的方法论去创新，在确保能够完成项目工作的前提下，力争取得更好的效果。

一旦这种"创新性方法"被证明是可行的，那在下一次同类项目工作中，这种"创新性方法"就会变成"已经形成了的方法论"，而后项目经理还需要运用理论检验创新原则再去探索更好的"创新性方法"。在一次次创新探索之中，企业的项目管理能力和效率也会出现明显提升。

从理论上来看，这种理论检验创新的思维原则能够很好地帮助企业提升项目管理的效率；但从实践上来说，创新是有风险的，如果不立足于项目工作本身，而盲目追求创新，那反而会对整个项目产生负面影响。

基于这种考虑，项目经理在运用理论检验创新原则时，应该确保原有的项目工作方法不被破坏，或者是将创新失败对项目的进展影响限定在一定范围内。如果无法做到这些要求，那最好还是谨慎使用这种思维原则。

总结与思考

● 作为项目经理，是否有必要每天都对项目的开展进程进行监控？将监控周期确定为多长时间较为合适？

课后延伸 6｜如何撰写完整的项目计划书

规范化项目计划书撰写要点：

一、项目背景

1.内容

（1）阐述项目由来。

（2）进行背景分析。

（3）说明项目完成的价值。

2.来源

（1）常规型项目：工作分类打包、外部共性合同（稳中求优、精益化管理）。

（2）改善型项目：外部个性化合同、外部需求、内部需求（从有到优、立竿见影）。

（3）战略型项目：年度战略策略（未雨绸缪、从无到有）。

3.注意事项

项目经理在写项目计划书前,需主动与立项人沟通《立项单》中的项目背景,并达成共识。

二、项目目的与目标

1.内容

（1）项目目的：

——项目的重要价值;

——质量、资源要求。

（2）项目目标：

——项目目的近似量化描述;

——成功维度的程度。

2.来源

项目目的、目标来源于项目背景，解决项目背景中的核心问题。

3. 撰写规范

（1）项目目的的格式为"完成 ×××的、×××的、×××+ 项目名称"。

（2）项目目标与项目目的中的关键词一一对应。

（3）项目目标可量化、可执行、可评估。

4. 注意事项

项目经理在写项目计划书前，需主动与立项人沟通《立项单》中的项目目的、目标，并达成共识。

三、项目技术原则

1. 概念

技术原则是项目风险预防机制，是项目执行中所依据的法则或标准。

2. 来源

（1）过往的经验总结、失败教训和已经明确的问题（从内部或其他企业、行业过往实施同类型项目的经验总结中抽提获取）。

（2）对影响项目目标达成的关键点提出的标准（如时间、质量、费用三者的权衡）。

3. 撰写规范

（1）描述过往发生的问题时，需找到导致现象 / 问题产生的根因，如"由于 ×××（导致问题 / 现象产生的根因），导致 ×××（问题 / 现象）"。

（2）描述过往发生的问题时需场景化、量化。

（3）技术原则有指导性，包含具体做法或标准，如具体的时间、对象、工具、方法等。

（4）过往问题分开写，不要混在一起。

4. 涉及思维

理论检验创新原则：经过理论论证 / 有规律支撑 / 符合一般逻辑的经验，才能作为技术原则。

四、关键路径图

1. 概念

关键路径图是由项目关键节点为核心组成的、依据优先次序排布的、具备最佳可行性的项目过程图。

2. 撰写规范

（1）目标分解

——必要条件从项目目标开始分解；

——分析目标达成所必须具备的条件（结果倒推），而不是按经验梳理工作步骤。

（2）路径排序

——与目标的必要条件逻辑相关（可整合归类）；

——节点一旦达成，代表前面所有工作已达到预期质量标准，不会返工；

——节点串联时，前后两个节点间具有逻辑线性关系、时间线性关系；

——节点并联时，路径间的节点相对独立、相互干扰性低；

——第一个节点、最后一个节点分别固定为"项目计划书确认""项目结束确认函确认"。

（3）标准量化

——节点描述的是阶段性工作的完成状态，不是过程动作；

——有量化、可评估的质量标准；

——节点中需写上序号、时间节点。

（4）难点确定

——难点确定的步骤：

①设定节点难度系数计算的逻辑规则（如 TOU 模型）；

②根据规则得出各节点的难度系数；

③对比各节点难度系数，找到难点。

——TOU 模型：难度系数等于时间（T）、操作复杂性（O）、不可控性（U）

三个维度分值相乘，即 T×O×U。

①时间（Time）：考量要素是事情的历时，历时越长，难度越大；

②操作复杂性（Operability）：考量是否有书面流程指导，或是曾经有实践经验，流程或经验越少，难度越大；

③不可控性（Uncertainty）：考量项目中不可控因素，占比越高，难度越大。

（5）资源分配

——最长串联路径的历时之和不超项目时间；

——各节点的费用之和不超项目预算；

——每一个节点的历时（单位：日历日）、费用（不含内部人员工资绩效、行政固定费用）、成功率放在对应节点前面。

【建议：预留项目弹性时间、弹性预算。】

3.涉及思维

（1）目标分解

基于目标的必要条件思维；

目标分解要从项目目标出发，辨别项目中的必要条件(影响成败的关键因素)与充分条件（提升质量的可选因素）。

（2）路径排序

路径节点思维：在制定关键路径图时，以步步为营的指导思想制定节点，按节点进行检查，把控节点的质量，防止返工。

（3）标准量化

量化标准原则：关键节点的质量标准应采用客观、科学的量化标准，才便于评估。

（4）资源分配

难点资源聚焦原则：对于难点，给予更多的时间（首要）、费用、人力资源投入。

难点技术专家原则：面对关键路径图中的难点(指问题不容易解决的地方)

工作，应寻求专家帮助，让专家提供指导思想，减少试错和返工。

资源置换原则：制作关键路径图时，应在有限的资源下，对资源进行置换（时间、质量、费用的置换）。

难点资源弹性原则：针对路径中的难点，应给予更多弹性资源（时间、费用等），预留机动安排的准备。

资源整合原则：对于项目团队中不具备专业化能力的任务，或基础性的工作，为提高效率，在一定预算范围内，应尽可能整合外部资源。

<u>五、任务列表</u>

1. 内容

任务编号	任务名称	任务目标	任务信物	关键活动	任务经理	起止时间
1	启动项目					
2						
3						
4	总结项目					

2. 撰写规范

（1）任务编号、内容与关键路径图中的节点序号、内容一一对应。

（2）任务名称不等同于节点描述，任务名称的描述如"动词+宾语"，如"启动项目"（任务名称表达了该任务的核心工作内容）。

（3）任务目标是任务完成的质量指标，需可量化、可评估、可执行（便于任务经理了解任务的具体要求）。

（4）任务信物为任务输出，通常为任务内重要工作的成果。一般为书面文件，如：文案／总结／规划等。

（5）关键活动是达成任务目标的重要工作和需要项目组成员共同参与的工作，重要工作包括前期准备工作要点、执行过程关键控制点（重要技术点、易出错点），关键活动的描述，如"动词 + 宾语"。

（6）关键活动需采用条列式的形式进行描述。

（7）一个任务只能对应一个任务经理，且"启动项目""总结项目"这两个任务需由项目经理担任任务经理的角色。

（8）任务结束的时间跟节点中结束时间一致。

3. 涉及思维

性格与工作匹配思维：

①在设定任务经理时，应思考该任务的工作内容、要求与该人员的性格是否匹配；

②人员性格与工作要求匹配度高，有助于绩效的提升。

六、关键问题分析

1. 概念

关键问题是项目开展过程中涉及的各因素不确定变化而导致的风险（意外）。

2. 来源

（1）关键问题通常是某些活动，一般存在于路径图中低概率的任务中。

（2）寻找关键问题应从低概率的任务向高概率的任务依次寻找。

3. 撰写规范

（1）问题的描述需场景化，即"在什么场景下会出现什么状态"。

（2）一个问题至少有 2 个及以上的回答（应对方案或应对步骤），可先思考事前预防，然后思考事中应对，再思考事后处理。

（3）解决措施需包含具体的时间、负责人及其权责、方法 / 流程。

（4）解决措施的回答需要以条列式的形式呈现。

4. 涉及思维

不确定因素转换原则：

①事前寻找不确定因素，尽可能将不确定因素转化为相对确定因素，使其在可控范围内；

②不确定因素包括：环境因素、第三方不可控因素。

七、项目组成员及资源投入

1.撰写规范

（1）专家职责须具体——在哪些环节需要专家提供哪些帮助。

（2）投入时间预估方法：

①专家投入时间以"用时"计算（时间单位为小时）；

②立项人、项目经理、任务经理投入时间以"历时"计算（时间单位为日历日）。

（3）涉及多位专家或多位任务经理时，需分开呈现。

八、项目时间排期

1.概念

项目计划书的概况总表，是项目执行过程中的工作进度共享表。

2.撰写规范

（1）甘特图以天/周为单位展示。

（2）需写到关键活动这一层级。

（3）"参与人员"需写明具体的负责人（如需所有项目组成员参加，√示意即可）。

（4）时间划分填充部分需写上具体的起止时间。

（5）可自行调整时间划分填充颜色，便于项目组成员了解项目进展情况。

规范化项目计划书撰写模板

×××有限公司

××××××××项目计划书

项目经理：×××

××××年×月×日

注：仿宋字体内容为提示内容，应用模板时需要删除。

目　录

一、项目背景

（黑体，五号）

项目背景思考的步骤。

1. 存在的问题（结论＋论据）：用事实证据描述问题的严重性，多用数据，不要写口号型语言（是什么、为什么）。

2. 基于问题如何进行立项：问题解决的范围、程度及价值（怎么做）。

二、项目目的与目标

项目目的：

完成×××的、×××的＋项目名称。（黑体，五号）

项目目标：

1. ××××××　　（权重：××%）

2. ××××××　　（权重：××%）

3. ××××××　　（权重：××%）

（权重由项目总监下达项目单时，根据达成目标的耗时、难度、不可控性设置）

时间：××××.××.××～××××.××.××（避开节假日、休息日）

1. 项目目标一般3～5个，项目总监按单个目标达成的难度、不可控性、耗时来设置目标权重。

2. 目标撰写需要可量化、可执行、可评估。

可量化：达成成果的期限、数量、质量的量化，有明确的数据指标或是一种状态的描述（如：完成渠道政策制定，并审批通过）。

可执行：指项目目标在环境条件（经济形势、市场环境、企业资源等）制约下，付出充分的努力是可以实现的，避免设立过高或过低的目标。

可评估：项目结束后可以按照项目目标验收项目完成质量。

三、项目技术原则

1.（黑体，小四）

2.（黑体，小四）

3.（黑体，小四）

技术原则思考的思路：

过往存在的问题→分析原因→解决方法，描述时不要用笼统的语言，多用数据。

技术原则与关键问题分析的区别：

① 技术原则是过往存在的问题、经验和教训，并对解决方法已经达成共识的；

② 关键问题分析来源于关键路径成功率较低的任务，大家没有达成共识的，不确定的任务。

四、关键路径图

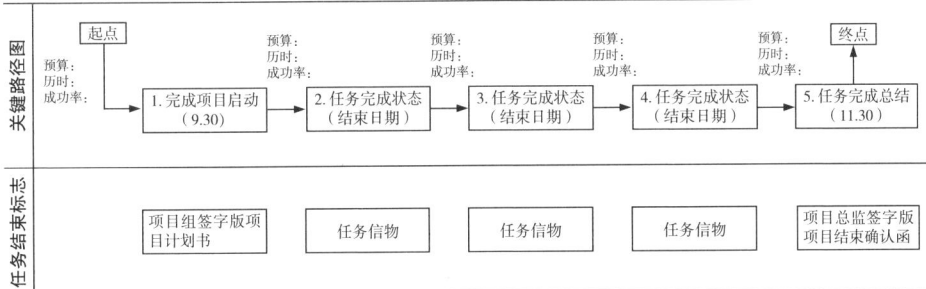

提示：

① 圆圈中的节点为任务完成的结束点，如"进行面试"不是节点，而是动作，"确定录用备选人员"属于面试的结束点；

② 成功率为 100%、预算为 0 可以不用展示出来；

③ 关键路径思考时，建议进行路径比较，思考 2～3 个关键路径。

五、任务列表

序号	任务名称	任务目标	任务信物	关键活动	任务经理	起止时间
1.	启动项目 （雅黑五号）	1.××××× 2.××××× （雅黑五号）		（雅黑五号）	（雅黑五号）	
2.						
3.						
4.	总结项目					

六、关键问题分析

问题：××

回答：××

问题：××

回答：××

关键问题分析：从关键路径中成功率低的节点来思考。

问题：问题描述时需要思考"什么场景下会出现什么状态"。

回答：需要有 2 ～ 3 个解决方案。

其他问题：

1.××

2.××

……

如果没有思考到解决方案，将问题直接列明即可。

七、项目组成员及资源投入

项目组成员		职责	基准分
项目总监		1. 项目启动及项目评价 2. 实施过程关键问题讨论及建议	\
专家		1. 技术指导 / 培训 / 带教 2. 关键技术点决策	
项目经理		1. 制定项目计划 2. 整体项目时间、资源协调 3. 对项目目标负责	
任务经理		1. 制定任务计划 2. 对任务目标负责	
其他人力资源		职责	
××			\

备注：项目总基准分为 X 分

提示：职责可以根据自己项目的需求进行修改，撰写时要准确、清晰、简洁。

项目预算

交通费	餐费	住宿费	业务招待费	出差补贴	托运邮寄费	电话传真费	印刷复印费	其他	备注	项目预算总计
										××××元

八、项目时间排期

（注：项目的任务排期可另附排期 Excel 表具体说明）

7

项目管理的配套制度

16

全面项目预算制度：有项目就要有预算

内容提要：

1. 全面项目预算制通过将企业内各个部门的工作都确立为项目，为每个项目设计独立的预算账户，进而从总体上确定项目的总预算。全面项目预算可以有效覆盖企业所有工作，打破部门壁垒，解决企业与部门间在财务上存在的问题。

2. 在全面项目预算制下，机动预算是必不可少的。机动预算是项目总预算中去除项目预算剩下的那部分资金，具体比例是多少，还需要根据企业的发展实际来确定，一般会占到总预算的 5% 到 15%。

16.1 部门预算制与全面项目预算制

没有实行全面项目管理的企业，在财务制度上，多会选择部门预算制。企业根据每个部门的实际情况做出下一年度的预算计划，每个部门在预算范围之内，完成下一年度的工作，这种预算制度有其固有优势，但缺点也非常明显。

> **项目预算制**
>
> 部门项目预算制度是在"建墙"，全面项目预算制度是在"拆墙"。

在部门预算制中，部门负责人对预算的使用具有决定权，这就可能会出现一些不好的现象。比如，在临近年度结算时，有的部门负责人发现今年的部门预算还剩下很多没有花完，那他可能会突击花钱，花到接近预算为止，他们的想法是：反正不花这些钱最后也拿不到手，不如花掉。

还有一种情况就是，部门负责人胡乱调用部门工作预算，A 工作的预算是 100 万元，小张只用了 50 万元就完成了这项工作；B 工作的预算是 50 万元，小李用了 50 万元才做了一半工作。这时候，从部门绩效角度出发，部门负责人便会将小张省下的 50 万元预算贴补到小李的工作中，这样两项工作就都能完成了，但这对高效完成工作的小张显然是不公平的，而且这种操作也很容易造成部门内部的财务混乱。

上面这些都是部门预算制的痼疾，不跳脱出这种财务制度，是无法彻底解决其问题的。为此，企业必须通过项目管理的方法，在财务制度上采用全面项目预算制，这样才能有效规避部门预算制所无法解决的问题。

通过将企业内每个部门的工作都确立为项目，为每个项目设计独立的预算账户，进而从总体上确定项目的总预算。这种预算制度不仅可以全面覆盖企业的所有工作，而且能够有效打破部门壁垒，有效解决企业与部门之间在财务上存在的问题。

在全面项目预算制下，企业中的每一个项目都会有一个小的预算账户，项目不启动，账户里的钱就不能用；项目一结束，账户就自动锁定了，想再动里面的钱也不行。如果项目没做完，但预算快花完了，那就要提前申请变更预算，只有通过申请才可能增加预算，想从别的项目里拿钱，那是根本不可能的。

企业中所有项目的预算加上一个机动预算，就是企业的年度总预算。机动预算由总经理负责掌控，部门负责人是无权调配这笔钱的。在制定预算计划之初，就要确定好机动预算，在项目执行过程中，机动预算用来补充单个项目预算的不足，反过来，单个项目结束后没有用完的钱也会补充到机动预算之中。

全面项目预算制（财务配套体系）

● 有项目才有预算，即预算以项目为单位划分

● 项目不启动，不能使用预算

● 项目结束，预算停止

● 项目预算超支，需申请审批后才增加预算

机动预算的存在可以帮助企业应对项目管理过程中的各种风险与机遇。比如，市场中突然出现一个新的机会，企业需要在原有项目计划中增加新的项目，新项目的预算从哪儿出呢？机动预算会为新项目提供资金支持，这样企业就可以根据市场的变化，在不影响整体预算计划的基础上，随时增加或削减项目。

在项目管理中，项目积分制度是一种管理制度，全面项目预算制度则是一种财务制度，这两种制度是相辅相成的，它们共同构成了项目管理的制度框架，企业在引入项目管理模式时，要认真对待这种制度框架的搭建工作。

总结与思考

● 仔细思考，自己所在企业当前实行的是不是全面项目预算制，如果不是，企业当前的财务制度是否会不适合项目工作的开展？

16.2　几种不同的预算概念

在全面项目预算制下，有几种预算概念是必须要掌握并区分清楚的，下面依次介绍这一制度下几种不同的预算概念。

1. 总预算

有项目才会有预算，总预算这个概念也是基于项目而来的，从根本上来讲，总预算是基于年度目标来测算的。简单来讲，就是下一年度企业要达成什么样的目标，为了达成这样的目标，可能需要花费多少钱。这笔可能要花到的钱，就是年度总预算，主要包括项目预算和机动预算两个部分。

需要注意的是，一些比较大型的战略投资是不包括在年度总预算里的。比如，某个电商企业计划在下一年度建一个物流基地，今年刚刚把地买下来，后续建这个基地可能需要几年时间，而且可能要花几亿元。

这笔钱是不需要算在年度总预算中的，企业可以单独设立一个账户，作为战略投资的预算。这笔钱除了可以用于建园区，还能用来做投资，这种战略投资一般都是为企业的长远目标服务，而企业的年度总预算需要立足于下一年度的年度目标，所以这两种预算要区分开。

2. 项目预算

项目预算就是企业中所有项目的预算。常规型项目的预算、改善型项目的预算、战略型项目的预算，企业各部门所有类型项目预算的综合就是项目预算。一般来说，其会占到总预算的 85% 到 95%，占比是相对较高的。

3. 机动预算

> **项目机动预算**
>
> 项目机动预算留得少有两种情况，一种是这家企业项目预算分配较好，一种是这家企业项目预算分配不好。
>
> 至于究竟是好，还是不好，在项目执行阶段就会有所显现。

机动预算就是在总预算中去除项目预算剩下的部分，一般会占到总预算的 5% 到 15%。越是项目管理经验丰富的企业，留出的机动预算越少，只留 5% 机动预算的企业我见得还不多，但预留 7% 机动预算的企业却不在少数。

在年度总预算固定的情况下，机动预算与项目预算是一种此消彼长的关系，机动预算占比多，那项目预算占比就会减少。究竟是多留机动预算好，还是少留机动预算好呢？这一点见仁见智，还要看企业的实际情况。

如果项目预算预估的比较准确，而且项目管理做得非常好，那机动预算并不需要留太多；但如果对项目预算预估不那么准确，而且项目管理经验比较少，那相对多留一些机动预算也是可以的。但 15% 这个比例已经是比较高了，超过 20% 的机动预算就属于不正常了，如果机动预算达到 50%，那还不如 100% 都做机动预算，项目管理也就不用做了。

一个称职的总经理会合理安排机动预算和项目预算的比例，既保证项目预算的充足，又能让机动预算发挥必要的价值。在项目预算范围内，所有项目都高效完成，机动预算又有盈余，那就说明总经理的预算控制是成功的；反之，所有项目预算都不足，机动预算却剩下不少，那这个预算控制就是失败的。

总结与思考

● 思考一下，当前企业财务制度中是否有"机动预算"一项，以工作实践来说，企业当前是否有必要增加"机动预算"？

16.3　项目预算中的细节问题

在制定全面项目预算制过程中，会涉及一些细节方面的问题，除了前面提到的为战略投资单设预算账户，还有一些问题需要项目管理者予以重视。

1. 弹性预算控制在 10% 以内

这种弹性预算主要针对单个项目而言，它是一种浮动储备，主要是为了应对项目执行过程中可能会发生的风险。

举例来说，根据对现有情况的评估，想要完成项目 A 大概要 10 万元的预算。这 10 万元的预算针对的是现在已知的项目执行过程中的各种情况，就是这些事一定会发生，所以需要花钱去解决。在项目执行过程中还有一些事，这些事属于"已知的未知"，它们可能发生，也可能不发生，但发生的概率很高，一旦发生也需要用钱去解决，这时候就要用到"浮动储备"了。项目管理者需要在 10 万元的预算基础上，增加一些弹性预算，最终，项目 A 的预算被确定为 11 万元。

为什么一定要强调这种弹性预算不超过 10% 呢？这其实还是与年度总预算的精确度有关。为了尽可能地降低所有项目的风险，而大量增加项目预算，那如果想要保持年度总预算不变，机动预算就要相应减少。

这种做法实际上会降低企业应对风险和把握机遇的能力，最后，企业是把计划中的项目都完成了，但可能会被一次市场风险扰乱了阵脚，因为企业没有留出足够的机动预算应对这种不可预知的风险。

2. 警惕项目预算重叠问题

项目预算重叠的问题在全面项目预算制中其实并不常见，当然这需要企业首先做好立项工作。如果企业在立项过程中就出现了不少重复或任务重叠的项目，那项目预算重叠的问题就很容易出现。

> **项目预算重叠**
>
> 　　想要避免项目预算重叠问题的出现，还需要项目总监和总经理担负起总领全局的职责来。

在"日常办公用品采购"项目中，重叠问题便经常出现。一般来说，日常办公用品的采购会作为一个独立的项目，由行政总监牵头负责。

但在一些情况下，其他项目中也会涉及办公用品采购的任务。这种时候，项目管理者需要厘清不同项目中各个任务是否存在重叠的问题，厘清之后，再去做项目预算，如果在这个项目中已经计算过预算，那就不要在其他项目中重复计算。

3. 总预算不够了怎么办

在项目执行过程中，发现总预算不够了怎么办？虽说在做预算时，就会考虑预算不足的情况，一般会增加一定的弹性预算，但计划赶不上变化，即使加上了弹性预算，也可能会出现预算超支的情况，在这种时候，项目管理者就要着手去缩减项目了。

实现年度目标是最终目的，为了避免预算超支，项目管理者需要缩减一些价值不高的项目，而为那些价值较高的项目腾出预算空间。这时候就要按照优先级排序来筛选项目了，重要且紧迫的项目肯定不能缩减，不紧迫不重要的项目是必然要缩减的，剩下的重要不紧迫项目和紧迫不重要项目则要根据实际优先级来进行缩减。

在缩减项目过程中，项目管理者需要考虑某个项目取消后，其对年度目标的影响到底有多大，这就是按照优先级去缩减项目的主要依据。

如果按照这种方法缩减完项目后，发现项目预算依然不够，那项目管理者就要考虑从预算较高的项目下手了，但这是最后的选择，只有在按优先级缩减完项目后依然存在预算不足的问题，才能考虑这种选择。

4. 大型战略投资项目不计入年度预算

企业的大型战略投资，一般不会计入当年的年度预算之中。比如，企业预计今年要在外地新建一处厂房，如果把这笔预算计入年度预算中，那年度项目预算就会异常"庞大""臃肿"，所以，这种投资一般都会在年度项目预算外单独确立预算。

但如果这笔投资属于借贷类投入，那便需要以每年分摊的形式将其计入项目预算中。此外，诸如设备折旧费在内的所有的预算都必须以现金的形式体现在项目预算表中。

总结与思考

● 思考一下，当前企业的预算制度下，项目预算重叠问题是否较为常见？通常的解决方法有哪些？

16.4　项目预算明细表示例

下面这个就是一个比较通用的项目预算明细表，一个项目的总预算就是由这些明细组成的。

项目预算

交通费	餐费	住宿费	业务招待费	出差补贴	托运邮寄费	电话传真费	印刷复印费	其他	备注	项目预算总计

表中所列举的预算明细必须是伴随着项目启动一定会发生的费用，没有这个项目，肯定也不会有这种费用。

项目预算明细表示例

项目预算明细表

项目编号	项目名称	·····	预算明细（元）					项目预算（元）
			差旅费	采购费	外包费	政府费	其他	
SA2020-S01	2020年×××品牌体系建立项目		20 000		300 000			320 000
SA2020-S02	2020年至2021年×××品牌规划制定项目						1 000	1 000
SA2020-S03	2020年×××品牌管理手册建立项目						1 000	1 000
SA2020-S04	2020年市场部关键流程建立项目		2 000				2 000	4 000

上面是一张详细的项目预算明细表示例，可以看出，项目预算明细表就是为了体现项目中所有会发生的费用明细的一张表格。

总结与思考

● 按照上表格式，列出当前项目预算的明细条目，并试着根据以往经验，完成项目预算明细表。

17

以项目为核心的晋升机制：以能力得"名利"

内容提要：

人员晋升是项目管理的重要工作，以项目为核心的晋升机制强调将员工对项目的贡献量化为积分，并以此作为员工晋升或淘汰的依据。这一制度的开展要以项目积分制为基础，没有一个完善的项目积分制度，以项目为核心的晋升机制也就无从谈起。

17.1　晋升要以项目为核心

既然引入了项目管理，那在人员晋升时，必然要以项目为核心，看员工在项目执行过程中的表现如何，最终通过量化的积分来决定员工是应该获得晋升，还是应该被淘汰出队伍。

很显然，这种以项目为核心的晋升机制需要建立在项目积分制的基础之上，企业要以员工的最终积分来判断其为企业创造的价值，由此来晋升或淘汰员工。这种制度主要针对的是

> **项目晋升机制**
>
> 项目工作做得好，不仅能得"利"，还能获"名"。以项目为核心的晋升机制，也是企业培养项目管理人才的重要方法。

项目积分制中的项目经理、任务经理和专家，项目经理想要成为立项人，任务经理想要成为项目经理，都需要在这一机制中脱颖而出才行。

同样作为任务经理，小王完成了 5 个任务，每个任务都拿到了满分，一共拿到了 50 个积分；小李只完成了 3 个项目，每一个项目的完成质量都不高，最终只拿到了 18 个积分。这样到年底结算时，小王可以获得 50 个积分的奖金，小李只能拿到 18 个积分的奖金。在以项目为核心的晋升机制下，小王显然是有资格获得晋升的，而小李则可能会迎来被淘汰的命运。

企业必须要将这种晋升机制引入项目管理之中，其与项目积分制并行应用，犹如"双剑合璧"，那些优秀的员工在这些制度下可以"名利双收"，而不那么优秀的员工则可能会被淘汰。

企业不是福利院，只有那些能为企业创造价值的人可以留下来，如果人工智能技术普及到工业生产中，人工没有机器人为企业创造的价值高，人类就很可能都被淘汰出局。

总结与思考

● 思考一下，企业当前的年薪制度是否存在激励与约束双重机制？

17.2 项目经理的晋升机制设计

这种以项目为核心的晋升机制多会在每年年末结算时与项目积分制挂钩，企业会根据项目经理的年终项目积分对其排序，而后选择排名靠前的予以晋升，一般会选择排名的前 10% 或 20% 予以晋升。

在晋升机制的设计上，企业可选择的方法有两种，一种是直接将项目经理提升到上一级职位上，如提升为一级部门的"二把手"或负责人；另一种就是在职称上晋升一级，薪资水平也相应提高一些。

项目经理的晋升机制

xx有限公司年终项目经理的项目执行情况	项目数量	项目平均评分	总分	
张晓荣	6	4.8	28.8	➤ 排名前20%进行晋升
刘思思	5	4.6	23	
马腾	6	3.1	18.6	
张三	4	4.6	18.4	
李伟	4	4.3	17.2	
张嘉嘉	3	4.6	13.8	
钱健	3	4.1	12.3	
古风	3	3.8	11.4	
李佳远	2	4.5	9	
吴诗航	2	3.9	7.8	➤ 排名前20%进行晋升

一般来说，在设计项目经理的晋升机制时，这两种方法会并行使用，但主要是以企业的实际情况为主。如果企业的规模较大，部门较多，那在晋升项目经理时便可以使用提级的方式，将项目经理提升为部门副总或总监；如果企业规模较小，部门较少，每个部门一个负责人便可管控，那就可以多使用提升职称的方法，将项目经理从初级提到中级，或是从中级提到高级。

有晋升就会有降级和淘汰，降级尺度最好与晋升尺度保持一致，是直接降级，还是降低职称，也要提前确定好。

　　通常情况下，项目积分量化排名的前 10% 会获得晋升，而后 10% 则会被降级或淘汰，具体范围由企业自主确定，但如果范围扩得太大，做成了全员激励就没什么意义了。

总结与思考

　　● 思考一下，在以项目为核心的晋升机制中，设计降级或淘汰机制是否有必要？

18

高管年薪制度：既是激励，亦是约束

内容提要：

1. 高管年薪制主要针对一级部门负责人，是对项目立项人的一种激励制度，虽说是激励，但在一定程度上也是一种约束。

2. 在高管年薪制下，高管的薪资由固定工资和绩效工资组成，固定工资按月发放，绩效工资按财年发放，只有达到考核要求后才能获得绩效工资。

18.1　发放年薪有何意义

项目积分制主要覆盖的是项目经理、任务经理和专家，通过积分，他们可以拿到一定的奖金。而高管年薪制则是针对一级部门负责人，也就是项目立项人的一种激励制度。

高管年薪制是对企业的一级部门负责人高级管理者，以年为单位确定报酬方案，并根据个人贡献情况和企业经营成果发放报酬的激励方式。

> **高管年薪制**
>
> 高管年薪制既是一种激励制度，也是一种约束制度。运用得当的话，会让对企业更有价值的人创造出更多价值来。

看上去，在一个项目中，项目总监只要完成项目立项，将项目单下达给项目经理，就完成了自己的工作。但实际上，项目总监在项目中肩负着更多的责任，他要支持项目经理开展工作；在跨部门调派人员时，需要项目总监协调；当项目遇到重大困难，项目经理无法应对时，也需要项目总监出面解决。

既然要项目总监承担这么多责任，那就要给予他必要的激励，高管年薪制就是一种激励制度，在项目总监所有绩效指标中，"部门项目达成率"的占比是非常高的。简单来说，在一个年度内，本部门的项目没有达成几个，那部门负责人也就别指望拿到多少年薪了。

这种激励制度的存在，可以让项目总监更好地履行项目监控职责。在将项目全权交给项目经理负责后，项目总监如果想要保住自己的年薪，就要按照项目管理的规范，时刻监控项目运作流程，发现问题及时解决，保证项目高效完成。

在这一制度下，项目总监的责任和利益与项目相挂钩，配合项目积分制度，项目总监的利益通过项目与项目经理、任务经理和专家的利益捆绑在了一起。所有人的利益都与项目成败息息相关，这样大家在开展工作时就能拧成一股绳，执行任务时也能更好地协调配合，这正是引入这几套项目管理制度想要起到的效果。

　总结与思考

　● 思考一下，在以项目为核心的晋升机制中，项目经理或项目总监是否可以凭借主观性判断影响员工晋升结果？

18.2　高管年薪的组成方式

　　为员工发放薪酬，一个根本的目的是让员工承担必要的责任，完成自己应做的工作，来为企业创造效益。引入高管年薪制也是出于这种考虑，让高级管理者在承担必要责任的同时，为企业创造更高的经济效益。

　　在高管年薪制中，高级管理者的年薪主要由固定薪酬和绩效薪酬组成，固定薪酬多是按月来发放，而绩效薪酬一般是季度发放或年度发放。

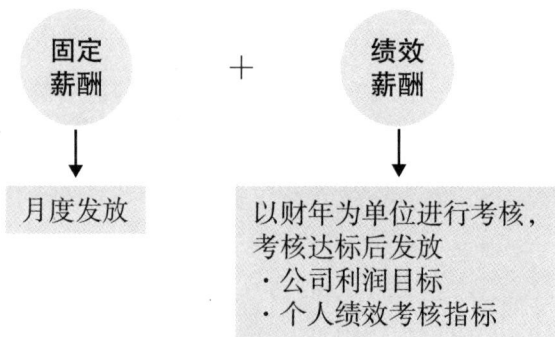

固定薪酬 ＋ 绩效薪酬

固定薪酬 → 月度发放

绩效薪酬 → 以财年为单位进行考核，考核达标后发放
·公司利润目标
·个人绩效考核指标

年薪的组成

　　固定薪酬的发放是对高级管理者服从企业制度、管理部门秩序等行为的认可，大到一些战略方向的问题，小到一些日常琐碎之事，整个部门的正常运转需要最高管理者来掌控。这也就是说，部门管理得好，最高管理者可以拿到足额的固定薪酬；部门管理得不好，那就要扣掉他的一些固定薪酬，这是对他没做好本职工作的一种处罚。

如果说固定薪酬是与管理者的职责挂钩的话，那绩效薪酬就是与企业的利润挂钩，或者说是与部门的项目达成率挂钩的。高级管理者能不能拿到绩效薪酬，还要看其个人绩效考核结果，以及企业是否能够达到既定的利润目标。

> **绩效薪酬**
>
> 按照同一种指标考核市场部总监和行政部总监显然是不合理的，绩效薪酬的考核也应注意这一问题。

年薪的组成

固定薪酬	按月度由总经理进行考核，指标如下 ·部门员工遵守公司制度 ·跨部门协调
绩效薪酬	绩效薪酬＝总年薪 × 绩效薪酬权重 × 公司利润目标达成率 × 个人绩效考核分 注：公司利润目标达成率 ≥ 80% 且个人绩效考核分 ≥ 60% 时，才可享有绩效薪酬

企业的利润目标并不是单一的，一般来说，企业都会设置 3 ~ 4 个利润目标，比如，回款、利润、净利润等。总的来说，对高级管理者的绩效考核需要围绕这些利润目标来进行，只有达到了一定数量的利润目标，高级管理者才有资格获得绩效薪酬。除了利润目标达成情况，高级管理者的个人绩效考核评分也会影响他的绩效薪酬。

年薪制考核指标示例

职位/指标	公司销售目标达成率	公司利润目标达成率	公司人均利润目标达成率	部门年度计划项目达成率	部门组织提升	部门流程建设	前端部门满意度
市场总监	30%	20%	0%	30%	10%	10%	0
销售总监	…	…	…	…	…	…	…
研发总监	…	…	…	…	…	…	…
产品供应总监	…	…	…	…	…	…	…
财务总监	…	…	…	…	…	…	…
行政总监	0	0	20%	30%	10%	10%	30%
人力资源总监	…	…	…	…	…	…	…
总经办主任	…	…	…	…	…	…	…
二级部门负责人	…	…	…	…	…	…	…

比如，一个高级管理者的年薪是 40 万元，他的绩效薪酬是年薪的 30%，也就是 12 万元，而剩下的 70%，也就是 28 万元，平均分配到每个月中，作为固定薪酬。如果企业设定了四个利润目标，并规定达到利润目标的 80% 便可发放绩效薪酬。经过计算之后，四个利润目标都达到了要求，但这位高级管理者的个人绩效考核分只拿了 60 分（满分 100 分），如此他也是无法拿到全额的绩效薪酬。

不同部门的最高负责人绩效考核的指标也是不同的，即使是同样的考核指标，指标所占有的权重也是不同的。比如，对于市场总监来说，企业销售目标达成率这一指标的权重就会比较高；而对行政总监来说，他的绩效考核指标中根本就没有这一项内容。很明显，这是前端部门和中后端部门不同工作职责所造成的，在年度项目达成率这一指标上，每个部门的总监都是有权重的。

由于这种绩效考核指标权重差异的存在，企业在制定绩效考核制度时就要认真考虑各部门协调配合的问题，企业想要的是整个效益的提升，而不单是某个部门成绩的突出。为此，为一些中后端部门设定"前端部门满意度"指标，是非常有必要的。

这看上去是一种部门间的制衡手段，但其根本目的在于避免部门非均衡发展。行政部门作为中后端部门，需要支持前端业务部门的发展，前端部门要对市场销售利润负责，那中后端部门就要对前端部门负责。

在足球场上，前锋在前方冲锋，后卫就要镇守好后方，这样才能更好地掌控全场，既有防守，又有进攻，要获胜也就没那么难了。

总结与思考

● 思考一下，当前企业高管的绩效薪酬在制定上是"一刀切"的统一考核标准，还是根据不同高管的职责分工在绩效考核指标上体现出权重的差异？

18.3　市场总监年薪示例

在高管年薪制中，计算绩效薪酬时，需要以总年薪乘以绩效薪酬权重，再乘以企业目标达成率和个人绩效考核分的乘积。

在考核指标设置上，前端部门的指标，如市场部、销售部的指标会与企业销售业绩挂钩；后端部门的指标主要与部门管理水平挂钩；那些采购费用支出比较大的部门，如行政部、产品供应部的指标则会与企业利润目标达成率挂钩。

下面以市场部总监为例，介绍一下高管年薪制的计算方法。

假设这位市场总监的总年薪是 50 万元，其中，绩效薪酬占比为 30%，由此可知他的绩效薪酬为 15 万元，固定薪酬为 35 万元。

如果这位市场总监想要拿到全部 50 万元年薪，那他需要达成相应的指标。具体来说，他需要达成的考核指标主要有企业销售目标达成率、企业利润目标达成率、部门年度计划项目达成率、部门组织提升、部门流程建设这五项，其中企业销售目标达成率的权重为 30%，企业利润目标达成率的权重为 20%，部门年度计划项目达成率的权重为 30%，部门组织提升的权重为 10%，部门流程建设的权重为 10%。

现在假设到财年年末时，该市场总监的企业销售目标达成率为 100%，企业利润目标达成率为 100%，部门年度计划项目达成率为 80%，部门组织提升达成率为 90%，部门流程建设达成率为 100%。

由此一来，就可以得到各个考核指标乘以权重后的达成率，即该市场总监的企业销售目标达成率为 $30\% \times 100\% = 30\%$，企业利润目标达成率为 $20\% \times 100\% = 20\%$，部门年度计划达成率为 $30\% \times 80\% = 24\%$，部门组织提升达成率为 $10\% \times 90\% = 9\%$，部门流程建设达成率为 $10\% \times 100\% = 10\%$。

这样，各个考核指标相加后的达成率便为 $30\% + 20\% + 24\% + 9\% + 10\% = 93\%$，可以看出，该总监并没有获得全额 100% 的绩效薪酬。通过公式计算该市场总监本财年的绩效薪酬为：$50 \times 30\% \times 100\% \times 93\% = 13.95$ 万元。

市场部总监年薪示例

市场总监 总年薪：50万元、绩效薪酬占比30%	企业销售目标达成率	企业利润目标达成率	企业人均利润目标达成率	部门年度计划项目达成率	部门组织提升	部门流程建设	前端部门满意度
考核指标	30%	20%	0	30%	10%	10%	0
财年达成情况	100%	100%		80%	90%	100%	
考核指标乘以权重后达成率	30%	20%		24%	9%	10%	
各考核指标加权后达成率	93%						
市场总监2018财年绩效薪酬	50×30%×100%×93%=13.95万元						

从这位市场总监的年度绩效薪酬可以看出，他在市场营销方面的能力是毋庸置疑的，但在部门管理方面，显然存在一些小的问题。如果在下一财年，他可以继续保持业务上的成绩，同时提升在部门管理中的水平，是会拿到全部绩效薪酬的。

总结与思考

● 思考一下，结合年度绩效薪酬，是否需要推出相应的业绩辅导或工作培训制度，来提升高管的项目管理能力？

课后延伸 7 ┃ 如何设计规范化的项目管理规定

规范化项目管理规定撰写提示

项目管理规定

（封面部分，主要内容为企业名称和签章。）

目　录

（目录部分，主要内容为分章目录。）

第一章　总　则

（总则部分，主要对制定项目管理规范的原因和必要性进行说明，同时规定相应的监督制度和违规处罚措施）

第二章　立　项

（立项部分，主要对项目总监和项目经理在立项过程中的具体工作确立规范。如有必要，需要对规范的细节进行注释或批注。）

（在项目总监部分，要规定好：提交立项成果的时间、提交全面项目化修订成果的时间，以及项目单填写的必要规范和违反规范的惩罚措施。）

（在项目经理部分，要规定好：项目经理接到项目单后并签字确认的时间和违规的惩罚措施。）

第三章　项目执行

（项目执行部分，主要是规范三个不同阶段的项目执行要求，不同阶段会涉及不同的对象。）

（在计划阶段中，需要规定好：项目总监协调跨部门人员申请的时间；项目经理组建项目团队，并获得所有项目组成员签字确认的时间，提交项目计划书的时间，召开项目启动会的时间，发放会议纪要的时间和相应的违规惩罚措施。）

（在准备与执行阶段，需要规定好：项目总监变更项目、中止项目、重新立项的时间；项目经理下达任务单的时间和修改任务单的规范，下发会议纪要的时间，上交项目简报的时间；任务经理签字确认任务单的时间；任务经理提交任务信物的规范。）

（在收尾阶段，需要规定好：项目总监签署《项目结束确认函》的时间，对项目进行评分并提交结果的时间；项目经理对项目归档的规范，召开项目总结会的时间和规范。）

第四章　附　则

（附则部分，附加信息以及规定生效日期。）

附　录

（附录部分，可以对项目管理规定中涉及的专业名词进行统一解释，以便员工更好地理解。）

8

企业项目管理全流程实操

19

如何导入项目管理模式

内容提要：

1. 项目管理模式的导入并不是"一蹴而就"的，需要企业在生产实践中一步步导入。在导入项目管理模式的过程中，一些必要条件是需要严格遵守的。

2. 项目管理模式试运行并不是项目管理模式导入的终结，而是在检验项目管理模式的实践效果，发现问题立刻调整，这样才能帮助企业更快地落实项目管理模式。

19.1　项目管理模式导入的必要条件分析

在项目管理模式导入之前，企业管理者先要搞清楚哪些内容是必须要导入的，也就是要把开展项目管理的必要条件分析清楚。

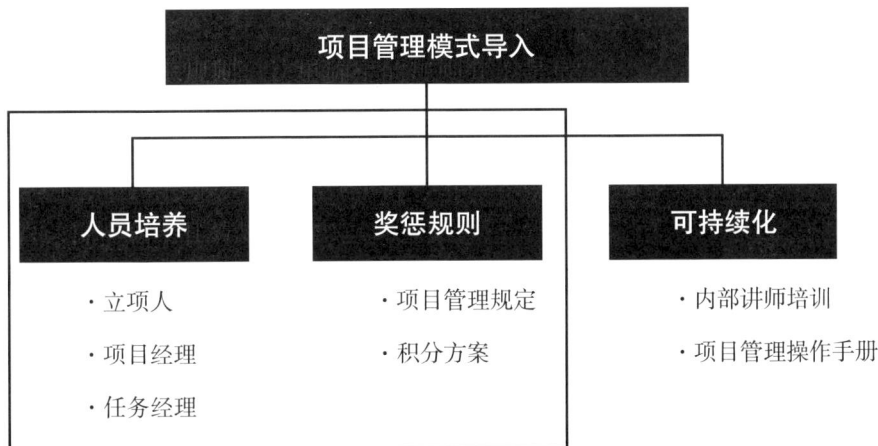

```
┌─────────────────────────────────┐
│         项目管理模式导入          │
└─────────────────────────────────┘
        │           │           │
┌────────────┐ ┌────────────┐ ┌────────────┐
│  人员培养   │ │  奖惩规则   │ │  可持续化   │
└────────────┘ └────────────┘ └────────────┘
  ·立项人        ·项目管理规定    ·内部讲师培训
  ·项目经理      ·积分方案        ·项目管理操作手册
  ·任务经理
```

一般来说，项目管理模式导入的必要条件主要是人员和规则，当然，还有一个可持续性的问题。企业管理者只要做好这三方面的安排，就可以顺利导入项目管理模式了。

1. 人员培养

想要导入项目管理模式，企业首先要培养出必要的人员来。最基本的，项目总监、项目经理和任务经理这三个角色一定要提前找好，至于专家这个角色，可以在后期需要时再来选定，或者直接找第三方机构提供帮助。

项目总监、项目经理和任务经理是项目管理中最重要、最核心的三个角色。项目总监是立项人、指挥官，统筹管理部门内的所有项目，他需要把项目目标传递给项目经理；项目经理是项目的执行者，他需要正确理解项目总监的思路，将项目目的目标落实到位；任务经理是任务的执行者，他需要配合项目经理落实项目目标，也需要与项目经理一起来管控项目的各个节点。

至于到底需要多少项目总监、多少项目经理、多少任务经理，还是要企业根据自身的实际情况来确定。从全面项目化的角度去考虑，让企业成员都了解一些项目管理的知识是有必要的，所以提前进行人员培训及培养，是企业导入项目管理模式的一个必要前提条件。

项目管理人培训

人员培养是项目管理模式导入的一个重要前提，再好的管理方法，没有人去执行也是枉费，所以企业一定要重视人员的培训工作。

2. 奖惩制度

奖励与惩罚的规则是必须要有的，这些规则不单针对项目总监、项目经理和任务经理，而是针对所有的项目参与者。项目完成得好，就会获得奖励；项目完成得不好，就要受到惩罚，这种约束机制会让项目管理工作变得更加规范、有序，所以也是项目管理模式导入的一个必要条件。

项目积分制是项目管理中最为主要的奖惩制度，其主要覆盖项目经理、任务经理和专家。相关内容在前面的小节中已经详细讲述了，但有一点规则在这里还是需要强调一下，那就是项目总监参与到本部门项目中时，是不能获得项目积分的（跨部门参与项目可以凭专家身份获得项目积分）。这是项目积分制中的一项重要规则，在引入时一定要多加注意。

3. 可持续化

可持续化所说的，既是奖惩规则的可持续性，也是项目管理模式的可持续化。在初次引入项目管理模式时，企业需要提前培养一批 SOP 讲师，通过讲师把项目管理模式的各个细节内容和操作规程传递给项目的参与者，尤其是那些初次参与项目管理的新人。

操作手册是必然要有的，但单纯靠项目参与者自行领会手册内容，显然没有 SOP 讲师亲自去传达、宣导、解释取得的效果好。SOP 讲师不仅要为项目参与者讲述项目管理中的奖惩规则，还需要让项目参与者了解自己在项目中所承担的责任和义务。

这项工作是非常重要的，效果可能并不会"立竿见影"，对于项目参与者项目管理思维和习惯的养成却是非常必要的。

┌─────────────────┐
│　　总结与思考　　│
└─────────────────┘

● 思考一下，为什么在项目管理模式导入过程中，人员培养是最重要的条件？

19.2　优化关键路径，试运行项目管理

项目管理模式的导入必须要一步一步来，尤其是对那些初次尝试项目管理模式的企业。在必要条件分析之外，企业还需要按部就班地优化项目管理的关键路径，理出一条通路来，项目管理模式才能落地执行。

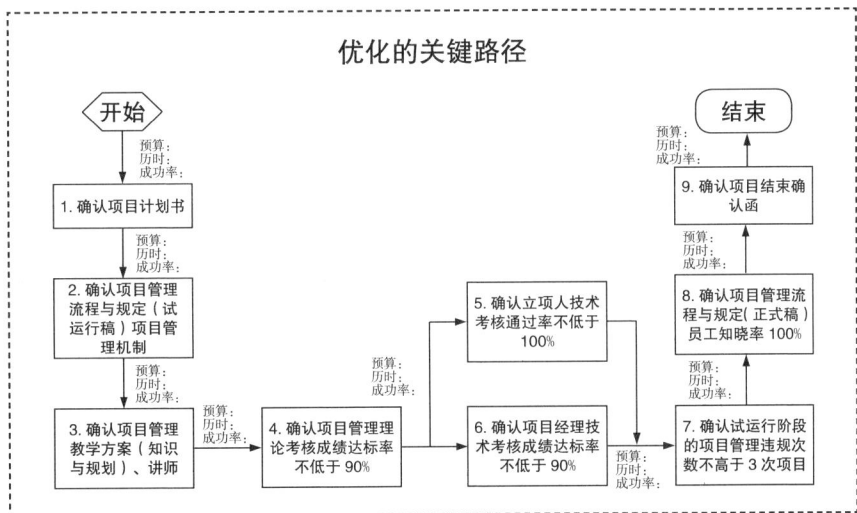

1. 首尾固定，不并联

"首尾固定"说的是项目管理的第一步和最后一步是固定的，无论是哪家企业，应用什么样的项目管理模式，项目管理的第一步都是启动项目，并生成项目计划书，最后一步都是结束项目，签订项目结束确认函，这两个步骤是导入项目管理模式时必须要走的路线，是雷打不动的路线。

"不并联"说的是项目的关键路径节点不要同时开展，尽量采用串联的方式，做完这项工作，再去做另一项工作。这就是说，在第一步启动项目之后，各项工作最好串联在一条线上，一直连接到最后一步结束项目，这种"不并联"的方式会提高项目的成功率。

2. 定规则，建机制

在启动项目之后，企业要做的第二步是定规则。这里确定的规则并不是最终的项目管理规范，而是一种试运行的规则，是形成项目管理最终规范的基础。在确定规则的同时，相应的激励约束机制也要制定出来。比如，项目积分制，在这一阶段就可以制定好，并试着运行，观察其效果如何。

建立规则和机制并不是这一步骤的最终目的，在建立好规则与机制后，将内容传达给更多的员工才是这一步骤的根本目的。这项工作肯定是由 SOP 讲师来做的，所以在确定规则和机制的同时，企业就要把讲师确定下来。

3. 定讲师，做内容

确定讲师这项工作也可以放在第三步来做，在这一步骤中，企业要做的细化工作有很多，包括细化上一步骤制定的规则，确定讲师要讲的内容，准备必要的课程文件。

之所以要把确定讲师这项工作单列出来，是因为讲师在导入项目管理模式过程中的重要性。他们是最先接触项目管理模式的人，他们需要从这种即将应用的管理方法中"取其精华"，然后用通俗易懂的语言把这些内容讲给企业中参与项目管理的员工听，所以讲师必须是有能力、有责任心的。

至于是要讲师自己去做课件，还是先由专业人士做好课件再让讲师学习，要根据企业的具体情况来定。一般来说，想要导入项目管理模式的企业会先派几位管理者去接受系统的项目管理培训，当培训结束后，这些管理者会成为讲师（并不是所有管理者都能在短时间内学好项目管理的基本内容），企业员工的培训需要由他们牵头负责。

4. 培训、演练、考核

培训、演练、考核是第四个步骤的工作，到这一步时，讲师和讲师要讲述的内容已经基本确定了，剩下的工作就是讲师将项目管理的内容传授给企业中项目管理的参与者。从理论培训，到模拟演练，最后以书面考核的形式，来确认学员们是否已经掌握了项目管理的知识和规则。

这一步骤所培训的主要是项目管理的基本内容，从"项目管理是什么"到"项目管理的规则规范和激励机制"，是所有项目管理者都需要掌握的内容。无论你是项目总监，还是项目经理，又或者只是项目的活动执行人员，了解一些项目管理的基本内容是没什么坏处的。

培训是全员培训，但考核并不需要全员通过。对于项目的活动执行人员来说，了解项目管理的基本知识和规则即可；对于担任项目总监和项目经理的学员来说，他们不仅要通过基础培训的考核，而且还要参与到深层技术知识的培训之中。

5. 目标设定技术培训

所谓目标设定技术，其实就是项目管理中的立项技术，这一技术培训主要针对的是企业中一级部门的负责人，他们在项目管理中多会担任项目总监，立项是他们的主要工作和职责。

在目标设定技术培训的过程中，企业的一级部门负责人需要用项目管理的思维去思考问题，在确立项目之前，一定要找到项目的价值，这个价值一定是在满足客户需求的基础上产生的。"项目价值厘清八步法"是企业一级部门负责人必须要掌握的工作方法，只有找对人、问对事，才能找到有价值的项目，确立起项目目标来。

6. 计划设定技术培训

计划设定技术培训针对的是企业二级部门的负责人，他们多在项目管理中担任项目经理。这一技术培训主要是帮助项目经理更好地管控项目执行，从计划阶段、准备阶段，到执行阶段和收尾阶段，掌握每一个阶段必备的知识和技能。

在计划设定技术培训过程中，企业的二级部门负责人应该从立项人所设定的目标出发，熟练掌握项目管理全流程的工作。关键路径图的设计，项目资源的分配，项目时间的排期，这些都是项目经理必须要在培训中学到的项目管理技术。

7. 项目管理模式试运行

当企业一二级部门的负责人，也就是未来的项目总监和项目经理都通过培训掌握了必要的项目管理知识和技能后，接下来要做的就是开展一次实战演练，这也是优化关键路径的第七个步骤要做的工作。

项目管理模式试运行

试运行项目管理模式时，不要将摊子铺得太大，在整个企业全面实行项目管理之前，不如先在个别部门试运行一段时间。

要怎样演练呢？是直接将项目管理模式带入企业中吗？为了尽量减少项目管理模式试运行对企业正常业务的影响，大多数企业都会选择在一个相对较短的时期和较为规定的范围内开展这种试运行工作。比如，先在一个部门中引入项目管理模式，其他部门依然沿用传统的企业管理模式，这样既有对比，也能通过试运行来找到当前项目管理模式的问题。

这种带有试验性质的项目管理演练，主要是看项目管理各环节的参与人员能否按项目管理的规范去做事。怎样写项目单？什么时候下发项目单？如何制作项目计划书？这些都是此次演练重点要考察的问题。

对项目总监的考察是重要的，他们是制定方向的人，如果方向和价值都没办法确定清晰，那执行的人也就很难把项目做好。所以项目总监能否按项目管理规范去做正确的事，是此次实战演练考察的一个重点。

对项目经理的考察也是重要的，他们作为项目执行人，需要处理的细节工作是非常多的。这之中也有一些工作规范性的考量，但此次实战演练考察，还应将关注点更多地集中在项目经理能不能整合好资源，能不能管理好团队，能不能将项目总监委托的工作做到位上。只有拥有优秀的沟通和管理能力，才能胜任项目经理这一职位。

这种项目管理模式的试运行就像学开车一样，先是学一些基础的理论知识，学完这些你才可以上路模拟驾驶，模拟驾驶成绩合格后还要考交规，成绩达标之后才能拿到驾照。拿到驾照之后这车就学完了吗？没有，还有一个实习期，这段时间你是不能有太多违章的，高速公路也是不能上的，只要顺顺利利过了实习期，你才算是一个真正合格的司机了。

项目管理模式的试运行就是学车时的实习期，看上去人员已经培养完了、规则也制定好了、管理模式也健全了，但这还不够，只有过了试运行这一关，才能说现在这个项目管理模式是对的、是可用的。当然，如果在试运行过程中发现存在问题，就要及时调整和解决问题，这样得到的项目管理模式才是最终版本，才能导入企业之中。

总结与思考

● 思考一下，项目管理模式试运行时如果出现了问题，是否需要及时停止项目管理活动，解决当前问题？

20

不同规模企业项目管理流程实操

内容提要：

1. 若想在企业中导入项目管理方法，从企业发展实际出发，遵循项目管理流程，落实每一处细节工作，才是真正有价值的事情。

2. 大企业有大企业的项目管理方法和流程，小企业有小企业的项目管理方法和流程，没有哪种项目管理方法是万能的，但只要肯钻研、肯实践，管理者总能找到适合企业发展的项目管理方法。

20.1　从来没有万能的项目管理方法

一次跟一个从事艺术行业的朋友聊天，谈到艺术创作的"从 0 到 100"和"从 1 到 100"的区别。在大多数人眼中，"从 0 到 100"是从无到有的过程，这项工作肯定要更为复杂，也更加有价值；而"从 1 到 100"因为已经有了前面工作的积累，后面的工作肯定要简单一些，其价值就会相应的低一些。

> **项目管理方法导入**
>
> 项目管理方法的导入与企业规模无关，只与企业的现实发展情况有关。

朋友问我的看法，我并没有第一时间给出答案，而是想到了企业引入项目管理方法这件事，恰巧当时也在为几个不同类型的企业提供咨询服务，我便将这一问题引申到企业导入项目管理方法这件事上。

不同企业在导入项目管理方法时，所面对的状况肯定是不同的，从根本上来讲，这是由于不同企业实际情况不同所致。如果将"不同企业实际情况"进行归纳总结，那就只剩下"大企业导入项目管理"和"小企业导入项目管理"这两种情况。而在我看来，这两种情况正好可以对应上面提到的"从 0 到 100"和"从 1 到 100"的问题。

大企业在导入项目管理方法之前，一般会拥有一些传统的管理方法。这些管理方法可能从企业成立之初沿用至今，也可能随着企业的发展不断变革更迭。当企业发展到当前阶段时，企业管理者敏锐地发现这种管理方法对企业未来发展已经无法再产生作用，所以打算引入项目管理方法。在已有管理方法的基础上，再引入项目管理方法，不正是一种"从 1 到 100"的做法吗？

小企业与大企业在这一方面明显是不同的，小企业可能也有一些管理方法，但这些管理方法并不成体系，也没有经过企业实践的检验。由于企业诞生的时间较短、规模较小等原因，引入项目管理方法就好像在"白纸上作画"一般，这不正是"从 0 到 100"的情况吗？

　　那究竟是大企业导入项目管理方法更难一些，还是小企业导入项目管理方法更难一些呢？如果保证各种变量不变，单纯从理论层面来讲，显然是在小企业中导入项目管理方法要更容易一些。但项目管理本就是一项实操性极强的工作，企业实际情况的不同，对项目管理方法导入会产生极大影响，从这一角度来看，又不好说在哪种企业中导入项目管理方法更容易一些。

　　当然，对于企业管理者来说，考虑哪种情况更简单，哪种情况更困难，并没有什么意义。若想在企业中导入项目管理方法，从企业发展实际出发，遵循项目管理流程，落实每一处细节工作，显然要更有价值。

项目管理让企业专业协作，从而大大提高组织效率，最终实现企业的基业长青。

企业全面质量管理的一种方式	有效分权、放权的方式	科学化绩效管理的基础
快速培养人才的手段	提高人才的工作效率	建立企业知识库

企业项目管理的意义

　　在前面的较大篇幅中，我们着重介绍了项目管理全流程理论，从项目管理的规范、流程，到项目计划书的制定、优化，面面俱到，条理清晰，企业管理者可以据此来探索自身的项目管理之道。

为了更好地帮助管理者了解项目管理方法的全流程内容，下面我们分别从"大企业项目管理方法导入"和"小企业项目管理方法导入"两个方面来介绍一些项目管理的案例。

> **总结与思考**
>
> ● 思考一下，大企业的项目模式与小企业的项目管理模式的根本差异在哪里？

20.2　大规模、成熟企业项目管理实操

企业现状分析

这是一家始终处于国内家纺行业领先梯队的企业，伴随着国内家纺消费市场的快速增长，这家企业的规模和效益也出现了显著增长。

为了在行业中保有持续的竞争力，企业除了一心一意做产品外，还在管理方法方面进行了多次革新。企业曾经尝试使用过稻盛和夫所创的"阿米巴"模式，将整个企业分割为许多个小型组织"阿米巴"，来提高企业的管理效率；也曾经聘请国际知名咨询公司 IBM 来做战略规划，并导入绩效管理体系，使用平衡记分卡、KPI 管理等工具来提高工作效率。

这些先进管理方法的导入，在一定时间内取得了较好的效果，但这种效果很难持续。多年来，这家企业一直在寻找一种能够使企业稳定发展的管理模式，直到接触到项目管理，引入了系统量化的项目管理模式后，他们才找到了最终的答案。

前期调查研究分析

我们在 2019 年年初开始与这家企业接触，通过调查研究，我们发现这家企业管理模式中存在一些显著的问题：

（1）员工考核指标缺乏指导性，无法有效衡量员工的实际工作质量；

（2）多种管理工具都只关注结果，缺乏对过程的管控，容易出现计划工作无法落实的情况；

（3）企业预算缺乏有效管理，成本控制水平较弱，预算超支现象严重；

（4）组织整体协作性不强，跨部门沟通效果及工作成果不理想；

（5）部门工作零散不清晰，专业化程度不高，工作效率不高；

（6）年度经营计划制定缺乏科学依据，缺少调查分析环节。

中期制定解决方案

基于上述几种问题，我们与这家企业达成了合作协议，并敲定了几个具体的解决方案：

（1）企业工作全面项目化，并导入项目管理工作方法；

（2）科学制定年度经营计划，并建立年度经营计划监控体系；

（3）开展项目管理培训及认证工作，强化企业项目管理能力。

由于这家企业的规模相对较大，并且此前已经尝试过多种管理方法，所以在导入项目管理工作时，我们并没有直接在整个企业范围内进行，而是采取了分阶段导入的方法：后端职能部门先行导入项目管理模式，市场部、销售部等前端部门先主要在年度经营计划制定等方面开展工作，随后再导入项目管理模式。

后期项目管理实操及效果

从 2020 年 6 月开始，我们对这家企业进行了几次培训，主要是系统地介绍了项目管理模式的理论，及项目管理实践操作中的各种细节内容。

到了 2020 年 8 月，项目管理模式导入的一些前期准备工作已经完成，我们在企业中培养起了首批初级项目经理和中级项目经理。在此后的几年合作中，这家企业也都在与我们进行项目经理培训认证的工作。

在完成前期的准备工作后，我们首先在后端部门导入了项目管理模式，经过一年多的实践，效果非常显著。到了第二年，我们将已经成熟的项目管理模式导入前端部门，"全面项目化"开始在企业中实行。又过了一年，项目管理模式已经在企业中固定下来，在这一年中，企业的工作就是对一些细节工作进行补充，进一步完善项目管理模式。

经过了三年时间的实践，企业正式确立起系统量化的项目管理模式，这为企业带来了诸多的变化，无论是在工作方法上，还是在经营效率上，这些变化都是显而易见的。

1. 绩效考核标准的变化

在引入项目管理模式后，项目的目的、目标与员工的工作成果直接挂钩，使员工的工作产出能够得到有效衡量。

在"年度婚庆产品开发"项目中，依据项目的目标，通过是否匹配市场部确立的主题，满足价位段和图样设计数量的目标要求来考核，直接与工作挂钩，更容易衡量员工工作的价值。

2. 项目工作流程的管控

在引入项目管理模式后，以目标为导向对项目过程进行分解，强调过程控制，保证项目目标的实现，使得项目的成功率大大提升。

在"婚庆旗舰新店开业"项目中，企业先确定了项目的目的和目标，即"在 2020 年 10 月 30 日前，在 260 万元预算内，在长沙市建立一间婚庆家居门店，开业当天举办'婚嫁系列'新品发布，并以该店为试点进行婚庆家居门店的可行性研究"。

而后项目经理根据目的和目标来撰写项目计划书，按时间优先、质量优先或资源优先思考影响目标达成的关键任务，进而形成关键路径图。这样，关键路径图中的各项任务节点就是过程控制的关键点。

如此一来，对工作的把控就分解成对各个关键任务的及时监控，对其中成功率不高的任务还进行关键问题分析，保障在规定的时间内完成关键任务，进而一步步落实项目目标。

3. 项目预算的控制

在引入项目管理模式前，企业年初下发的预算到年中就已经不足了，为了继续完成下半年的工作任务，企业只能不断增加预算，如此一来，年底结算时预算就会大大超支。

而当引入项目管理模式后，企业将预算权下放，并通过项目管理进行控制，每位项目经理、任务经理在项目过程中都需要控制预算，最终使得企业整体的成本得以控制，这种做法可以大大减少以往预算超支的情况。

4. 打破部门壁垒

在引入项目管理模式前，企业员工多以本部门工作为重，跨部门协作能力较弱。比如，在终端销售人员招聘的工作上，人力资源部门负责招聘，零售部门负责培训，最后这些员工被派到终端岗位工作。当某些员工无法达到终端岗位的工作要求时，零售部会认为人力资源部没招好人，而人力资源部则会认为零售部没有培训好人，如此一来，部门合作就会产生不好的效果。

而在引入项目管理模式后，企业便可以通过项目管理的方法，来解决这种跨部门协作的问题。比如，企业可以确立一个"终端销售人员的招聘上岗"项目，项目小组成员由人力资源部、零售部和终端部门的成员组成，在招聘前，各方通过沟通确认人员招聘的需求和能力。为了共同的项目目的和目标，最终保证各个环节都指向为终端招聘合适的销售人员并完成销售培训。

5. 细化企业各项工作

全面项目化是梳理部门工作的过程，使工作清晰化，通过对部门价值链的精析，可以更加明确各项工作的项目目标。

在引入项目管理模式前，企业的产品设计过多倚重于单个设计师对市场的灵敏度，管理起来也较为被动。在引入项目管理模式后，通过设立"部门综合支持管理"常规项目，加强对设计师团队的工作效率管理，促进设计师的发展；通过设立"季度 / 半年度设计规划"项目，使设计能与市场部的需求紧密联系。

从开启项目管理实践，到项目管理模式固化，这家企业在三年时间里取得了卓越成绩。在总结自身取得的成绩时，这家企业充分认可了项目管理的作用，认为"企业依据全面工作项目化的管理思想，对内部管理体系进行了完善与提升。企业的日常和重点核心工作、员工的激励和考核、培训和学习全面与项目接轨，更有利于推动企业持续健康发展"。

总结与思考

● 思考一下，大企业在进行项目管理实践时最容易出现哪些问题？提前采取何种措施，能够有效避免这些问题？

20.3　初创小团队项目管理实操

企业现状分析

这是一家初创企业，主要做图书策划，经过两年多的发展，逐渐形成了较为稳定的 10 人小团队。这样一家小规模企业有必要做项目管理吗？在我看来，如果这家企业想要继续扩大规模，那越早引入项目管理方法就越好。

小规模初创企业在引入项目管理模式前，多数没有尝试过其他管理模式，这种管理方法上的空白，既是一种优势，也有一定的弊端：优势在于可以直接引入项目管理的方法，而无须进行太多调整；弊端则在于企业员工普遍缺少管理经验和思维，需要进行较为细致的前期培训。

前期调查研究准备

经过前期的调查分析，我们发现"工作安排混乱"是这家企业面临的一个主要问题。由于企业规模较小，业务种类相对单一，这种工作安排上的混乱并没有表现得太过尖锐，但从长远看，这一问题如果不及时解决，企业发展就会明显受阻。

新老员工绩效评定难也是这家企业面临的一个突出问题，如果用统一的标准要求新老员工，新员工想要达到标准显然很困难；但如果标准不统一，从事同样工作的老员工又会觉得不公平。如何确立一种双方都能接受的绩效考核方法，成为这家企业亟待解决的另一问题。

中期项目管理模式探索

除了上述两个典型问题，这家企业在年度经营计划和预算控制方面也存在一些问题。在汇总这些问题后，我们决定先在这家企业引入初级项目管理模式，而后再循序渐进地引入更高层级的项目管理模式。

在导入项目管理模式之前，我们先做了一些准备工作，包括对企业人员进行培训，与企业一起制定奖惩规则。经过了三个月的培训，我们在企业中发掘了一位项目总监和三位项目经理人选，初步构建起基础的项目管理框架。

在对一些关键路径进行优化后，我们针对一个月度项目展开项目管理试运行工作。在试运行阶段，我们又对项目的主要执行者进行了培训，细化了项目节点的各项工作要求。经过三个月的试运行，项目基本达到了预期的目的和目标，企业中的所有员工也对项目管理有了新的认知。

后期项目管理模式实践

在完成项目管理试运行工作后，企业便开始了全面的项目管理实践，下面我们按项目管理的细致流程来对该企业的项目管理实践进行简要介绍。

1. 定规则，树规范，立项目

在项目管理实践开始之前，企业就完成了项目管理规范的确立，通过试运行，这些项目管理规范又得到了进一步完善。

该企业的年度经营计划由企业总经理、项目总监和三位项目经理共同参与制定，这不仅为项目总监立项提供了便利，也让项目总监和项目经理之间的沟通变得更为简单。因为每个环节的负责人都知道企业的年度经营计划，而每一个项目又都要围绕着这一计划来确定，所以这相当于节省了各级管理者之间的交流成本。

在完成年度经营计划的制定后，项目总监通过"项目价值厘清八步法"完成了立项工作，而后又将项目单分别下达给三位项目经理。至此，项目管理的立项阶段完成。

2. 项目运作执行，关键的项目计划书

在拿到项目单后，几位项目经理先是详细分析了自己所负责的项目内容，而后着手在企业内部寻找合适的人手来组建项目小组。经过几天的沟通后，各位项目经理都找到了合适的人选。此后几天，由项目经理牵头，项目小组成员参与的项目计划书撰写工作也正式展开。

一份完整的项目计划书大致包括八个部分的内容，当然，若要细分的话，项目计划书中还可以加入更多内容。下面简要介绍该企业的一份项目计划书的主要内容。

（1）项目背景

项目背景主要描述项目工作确立的原因、环境背景和优劣势分析，项目是否可行、是否具有独创性，项目最终要取得何种效果，这些内容都可以在项目背景中说明。

项目的背景：在上一年度，本企业共策划出版图书 80 本，其中近半数图书销售业绩喜人。今年我们将推出 100 本图书，在原有图书畅销率的基础上，继续追求更好成绩。本编辑部将承担其中 30 本图书的策划和组稿工作，力求保质、保量、高效完成任务。

（2）项目目的目标

项目目的是对项目完成后所期望达成状态的最终描述，项目目标则是对所要达到目的的一种量化描述。项目目的可以是抽象的，但项目目标必须是明确具体的。

项目的目的：本编辑部在限定时间内完成心理学系列图书的策划和组稿工作。

项目的目标：在 2019 年 12 月 1 日之前，在 50 万元预算范围内，完成 30 本心理学图书的策划和组稿工作。

（3）项目原则

项目原则指的是项目计划、执行和验收的基本原则，既包括管理原则，也

包括技术原则。

项目的原则：在管理原则方面，对项目启动、执行和收尾阶段的诸多环节做出了规定，比如，书稿撰写的格式、敏感内容规避等；而在技术原则方面，主要是此前的一些经验总结，比如，图书排版样式、图书版权问题等。

（4）关键路径图

将一个完整的项目分解成多个任务，从而建立起多个任务之间的联系，有些任务需要优先完成，有些任务则可以共同开展。

项目的关键路径图：在"美学教育图书撰写"项目中，有四个关键节点任务，小学低年级书稿撰写、小学高年级书稿撰写、初中年级书稿撰写、高中年级书稿撰写，每一个节点任务都以达到验收标准的书稿校对作为任务结束标志。

（5）任务列表

项目的任务列表：从启动项目开始，到总结项目为止，每一项任务都有具体目标和负责人，不同任务的周期在列表上也清晰可见。比如，"美学教育图书撰写"中的四项任务会同时进行，由不同人来负责，周期是一个月时间，最后以图书成稿作为任务结束信物。

（6）关键问题分析

项目的关键问题分析：公版材料的使用比例是多少？书稿内容是否可以涉及偏敏感人物？书稿作者中途退出怎么办？这些都是"美学教育图书撰写"项目中的关键问题。其他的关键问题还可以从项目关键路径图中成功率最低和较低的任务中寻找。这些问题必须要提前预防，不能等出现之后再临时想办法。

（7）项目组成员及资源投入

项目小组所有成员的责、权、利都需要以书面形式体现出来，如何分配资源也要在设计项目计划书时就确定下来。

项目组成员及资源投入：在"美学教育图书撰写"中，核心资源是时间和资金预算，项目经理和任务经理是主要的项目组成员，第三方机构负责书稿审校工作，具体的时间安排和职责分工都在表格中有所体现。

（8）项目时间排期

项目时间排期：在一个月的项目周期中，"美学教育图书撰写"项目以每周为一个短周期，制作了项目时间排期表。每周对任务进行一次监控，及时查找问题、解决问题，可以保证项目任务的高效完成。

3. 项目启动会召开，项目转入执行阶段

项目启动会是项目工作执行前的一次重要会议，是项目开始前的动员大会，也是项目开始的一个重要标志。

在项目启动会上，项目经理需要向所有人员传达项目计划书的内容，所有人都要在充分理解项目计划书内容的情况下，进行签字确认。

在项目启动会之后，项目开始进入执行阶段，根据项目计划书中的各项内容安排，项目小组成员要各尽其职、各显其能，分工协作达成项目目标。任务经理是项目任务的主要执行者；项目经理需要全程监控项目进度；项目总监则需要立足于企业整体，对各个项目予以全面掌控。

4. 项目收尾阶段，总结、归档及评估

项目总结会的召开标志着项目工作的结束，项目工作总结后，企业还需要对项目进行归档和评估，在签订项目结束确认函后，才能正式结束项目的收尾阶段。

该企业在项目收尾阶段总结了一年来的项目进展情况，结果显示该企业当年共计完成 105 本图书的策划和组稿工作，但由于内外部原因的影响，大多数图书并没有按时进入市场，这在一定程度上影响了企业的年终利润。

在项目完成情况评估中，该企业对每一个参与项目中的人员进行评估，根据他们的具体表现，做出了相应的奖励及处罚决策。

从整体上来讲，该企业第一年的项目管理工作完成得还算不错，基本计划指标超额达成，只不过对外界突发社会事件应对有不足，在下一年度的经营计划中，多加注意即可。

　　小企业在引入项目管理模式时，会有一段时间的适应期，可能第一年的项目计划定的并不完美，但随着项目管理经验的积累，企业的项目管理水平会越来越高。在这一过程中，企业的规模和盈利能力也会随之扩增，好的项目管理可以为小企业带来巨大的影响。

总结与思考

　　● 思考一下，小企业在引入项目管理模式后，如果项目管理效果不佳，第二年是否需要停止项目管理实践，重新找回小企业原来的管理模式？

━━━ 课后延伸 8 │ 项目管理全流程实用表格模板 ━━━

项目启动阶段表格模板

1. 项目章程表格模板

项目章程（表一）

项目名称：＿＿＿＿＿＿＿＿＿＿＿＿＿＿＿＿＿＿＿＿＿

项目发起人：＿＿＿＿＿＿＿＿ 准备日期：＿＿＿＿＿＿＿＿＿＿＿＿

项目经理：＿＿＿＿＿＿＿＿ 项目客户：＿＿＿＿＿＿＿＿＿＿＿＿

项目的目的或理由：

项目描述：

项目必要条件描述：

总预算：

启动风险：

项目章程（表二）

里程碑总表	到期日

项目目标	成功标准	批准人

范围：

时间：

成本：

质量：

其他：

项目章程（表三）

验收标准：

项目经理的职权层级

人员配备决策：

预算管理和偏差：

技术决策：

冲突解决：

超出职权范围的申请途径：

批准：

_____　　　　_____

项目经理签字　　　　　　　　　　发起人或委托人签字

_____　　　　_____

项目经理姓名　　　　　　　　　　发起人或委托人姓名

2.需求管理计划表格模板

需求管理计划

项目名称：_____　　　　　　　准备日期：_____

需求收集：

分类：

排序：

跟踪：

配置管理：

检验：

3. 项目范围说明书

项目范围说明书

项目名称：＿＿＿＿＿＿＿＿＿　　　　　　准备日期：＿＿＿＿＿＿＿＿＿

项目范围描述：

项目可交付成果：

项目验收标准：

项目例外事项：

项目的约束：

项目的假设：

4. 项目单模板

项　目　单

项目名称		项目编号	
项目目的			
项目目标及权重	说明：项目总监按单个目标达成的难度、不可控性、耗时来设置目标的权重		
项目预算（上限）		项目起止时间	
项目经理		项目基准分	分（T：　O：　U：　）
特殊技术要求	说明：项目计划书是否需要经过首席顾问和项目总监审核、需要审核的事项		
备注			

项目总监签字：

日期：

5. 会议纪要模板一（电子版）

会议纪要

收件人 :AA, BB, CC（参会人员）

抄送 :DD，EE（未参会但需了解会议内容的人员）

主题 :（会议议题）——会议纪要

×× （如，各位同事），

我们在 × × 月 × × 日召开了有关 × × × ×（会议议题）的会议，以下是会议结果和下一步工作安排。

结果：

（以条列式的形式，以"主谓宾"结构进行描述，包括

—决议或达成的共识；

—重要的观点。）

1.……

2.……

3.……

（如需加入重要的参考内容，可插入附件）

下一步工作安排：

工作内容 （一般按重要性排序）	负责人	完成时间
（以"主谓宾"结构描述，无歧义情况下，可省略主语）	× ×	8.31
—	—	—

谢谢。

×× （发送人名）

（段落之间 · 空行）

注 :括号为提示内容。

会议纪要模板二（完整版）

会议纪要

议题			
召开日期		会议地点	
与会人员			
记录人		记录抄送	

目的：

……（思源黑体，五号；标注字体用棕色；所有英文字体用 Arial）

议程：

……（思源黑体，五号）

……

结果：

……（思源黑体，五号）

……

下一步工作：

工作内容	负责人	时间
……（思源黑体，五号）		××/××/×× 前

××××年××月××日整理

6.跨部门人员申请表模板

跨部门人员申请表

项目名称				
提出需求的部门	□项目经理	□任务经理	项目总监	
需求人员角色	□活动人员	□专家	需求人员所在部门	

工作详细需求

序号	工作类型	工作内容	需求人员	预计起始时间	预计用时	预计积分	指派人员
1							
2							
表单填写说明		1. 工作类型填写：项目 / 任务 / 活动 2. 活动人员不获得积分					

项目总监签名：
日期：＿＿＿ 年 ＿＿＿ 月 ＿＿＿ 日

跨部门总监签名：
日期：＿＿＿ 年 ＿＿＿ 月 ＿＿＿ 日

7.任务单模板

任务单

任务名称		任务经理	
归属项目		任务起始时间	
任务目标			
任务积分			

项目经理签字：
日期：

任务经理签字：
日期：

8. 任务评分表模板

任务评分	
任务实际起始时间	
任务目标完成情况	
是否提交任务信物	
任务总结与建议	
任务评分及意见（项目经理填写）	

项目经理签字：

日期：

9. 节点任务表格模板

项目节点任务

项目名称：＿＿＿＿＿＿＿＿＿＿　准备日期：＿＿＿＿＿＿＿＿＿＿

节点任务名称：	编号：

工作描述	
里程碑事件： 1. 2. 3.	到期日：

编号	活动	资源	人工		物资		总成本

质量需求：

验收标准：

技术信息：

合同信息：

10. 活动清单表格模板

<table>
<tr><th colspan="3">活动清单</th></tr>
<tr><td colspan="3">项目名称：_____　　　　准备日期：_____</td></tr>
<tr><th>编号</th><th>活动</th><th>工作描述</th></tr>
<tr><td></td><td></td><td></td></tr>
<tr><td></td><td></td><td></td></tr>
<tr><td></td><td></td><td></td></tr>
</table>

11. 活动属性表格模板

<table>
<tr><th colspan="6">活动属性</th></tr>
<tr><td colspan="6">项目名称：_____　　　　准备日期：_____</td></tr>
<tr><td colspan="3">编号：</td><td colspan="3">活动：</td></tr>
<tr><td colspan="6">工作描述：</td></tr>
<tr><th>前一活动</th><th>关系</th><th>时间提前量
或滞后量</th><th>后一活动</th><th>关系</th><th>时间提前量
或滞后量</th></tr>
<tr><td></td><td></td><td></td><td></td><td></td><td></td></tr>
<tr><td></td><td></td><td></td><td></td><td></td><td></td></tr>
<tr><td colspan="2">资源需求的标号或类型：</td><td colspan="2">技能需求：</td><td colspan="2">其他需要的资源：</td></tr>
<tr><td colspan="6">人力投入的类型：</td></tr>
<tr><td colspan="6">执行的地点：</td></tr>
<tr><td colspan="6">强制日期或其他约束：</td></tr>
<tr><td colspan="6">假设：</td></tr>
</table>

12. 里程碑清单表格模板

里程碑清单

项目名称：＿＿＿＿＿＿＿＿＿＿＿　　准备日期：＿＿＿＿＿＿＿＿＿＿＿

里程碑	里程碑描述	类型

13. 活动资源需求表格模板

活动资源需求

项目名称：＿＿＿＿＿＿＿＿＿＿＿　　准备日期：＿＿＿＿＿＿＿＿＿＿＿

节点任务编号	资源类型	数量	说明

假设：

14. 活动持续时间估算表格模板

活动持续时间估算

项目名称：＿＿＿＿＿＿＿＿＿＿＿　　准备日期：＿＿＿＿＿＿＿＿＿＿＿

节点任务编号	活动	工作小时数	持续时间估算

假设：

15. 持续时间估算工作表模板

持续时间估算工作表

项目名称：＿＿＿＿＿＿＿＿＿＿＿　　　准备日期：＿＿＿＿＿＿＿＿＿＿＿

参数估算法

节点任务编号	工作小时数	资源的数量	可获得的百分比	绩效系数	持续时间估算

类比估算法

节点任务编号	以前的活动	以前的持续时间	现在的活动	倍数	持续时间估算

三点估算法

节点任务编号	乐观的持续时间	最想要的持续时间	悲观的持续时间	计算方程	希望的持续时间估算

16. 活动成本估算表格模板

活动成本估算

项目名称：＿＿＿＿＿＿＿＿＿＿＿　　　准备日期：＿＿＿＿＿＿＿＿＿＿＿

节点任务编号	资源	直接成本	非直接成本	储备	估算	方法	假设或约束	附加信息	范围	置信水平

17. 成本估算工作表模板

成本估算工作表

项目名称：_____ 准备日期：_____

参数估算法				
节点任务编号	单位	单位成本	数量	成本估算
类比估算法				
节点任务编号	以前的工作	以前的成本	现在的工作	倍数	成本估算
三点估算法				
节点任务编号	乐观成本	最想要的成本	悲观成本	方程	预期的成本估算

18. 项目质量管理计划表格模板

质量管理计划

项目名称：_____ 准备日期：_____

质量角色和责任：

角色		责任：	
1.	2.	1.	2.
3.	4.	3.	4.

质量保证方法：

质量控制方法：

质量提高方法：

19. 过程改进计划表格模板

过程计划	
项目名称：＿＿＿＿＿＿＿＿＿　　准备日期：＿＿＿＿＿＿＿＿＿	
过程描述：	
过程测量：	
改进的目标：	
过程改进的方法：	

20. 角色和职责划分表格模板

角色和职责划分	
项目名称：＿＿＿＿＿＿＿＿＿　　准备日期：＿＿＿＿＿＿＿＿＿	
资源角色描述：	
职权：	
职责：	
资格：	
能力：	

21. 人力资源计划表格模板

人力资源计划（表一）

项目名称：_____　　　准备日期：_____

角色、职权和职责：

角色	职权	职责
1. 2. 3. 4.	1. 2. 3. 4.	1. 2. 3. 4.

项目组织结构：

人力资源计划（表二）

人员配备管理计划

人员招募：

人员遣散：

资源日历：

培训需求：

认可与奖励：

规则、标准和奖励：

安全：

22. 风险管理计划表格模板

风险管理计划（表一）

项目名称：＿＿＿＿＿＿＿＿＿＿＿　　准备日期：＿＿＿＿＿＿＿＿＿＿＿

方法：

工具和技术：

角色和职责：

风险的分类：

团队成员的风险承受能力：

风险管理计划（表二）

风险管理资金：

应急储备议定书：

频率和时间：

风险审计方法：

23. 变更管理计划表格模板

变更管理计划

项目名称：＿＿＿＿＿＿＿＿＿＿＿＿　　准备日期：＿＿＿＿＿＿＿＿＿＿＿＿

变更管理方法：

变更的定义：

进度变更：
预算变更：
范围变更：
项目文档变更：

变更控制委员会：

姓名	角色	责任	授权

变更控制过程：

变更需求提交	
变更需求跟踪	
变更需求审核	
对变更需求的处理	

项目执行阶段表格模板

24. 项目简报模板

<table>
<tr><td colspan="9" align="center">×××项目简报 – 第 × 周</td></tr>
<tr><td colspan="9">目的：</td></tr>
<tr><td colspan="9">目标：</td></tr>
<tr><td colspan="9">1. ×××××</td></tr>
<tr><td colspan="9">2. ×××××</td></tr>
<tr><td colspan="9">3. ×××××</td></tr>
<tr><td colspan="9">项目计划起止时间：</td></tr>
<tr><td colspan="9">项目经理：</td></tr>
<tr><td colspan="9">关键路径图：</td></tr>
<tr><td colspan="9">要求：1. 含任务经理名称及任务起始日期　2. 拖延的任务需要标红，提醒跟进</td></tr>
<tr><td>简报周期</td><td>已完成的任务</td><td>上一简报周期完成的工作</td><td>上周未完成的工作与事由</td><td>下一步的工作</td><td>阶段性成果</td><td>遇到的主要问题 / 关键过程记录</td><td>拟采取的措施</td></tr>
<tr><td></td><td></td><td></td><td></td><td></td><td></td><td></td><td></td></tr>
<tr><td></td><td></td><td></td><td></td><td></td><td></td><td></td><td></td></tr>
<tr><td></td><td></td><td></td><td></td><td></td><td></td><td></td><td></td></tr>
</table>

25. 项目月度例会表格模板

<table>
<tr><td colspan="10" align="center">×××项目月度例会（第一个月）</td></tr>
<tr><td colspan="5">×××项目月度例会（第一个月）</td><td colspan="5">1. ×××× ×月×日负责人
2. ×××× ×月×日负责人</td></tr>
<tr><td>序号</td><td>任务安排</td><td>任务目标</td><td>任务经理</td><td>起止时间</td><td>状态</td><td>本月工作内容</td><td>下一步工作安排</td><td>问题建议</td></tr>
<tr><td>1</td><td>项目启动</td><td></td><td>×××</td><td>4.13 ~ 4.16</td><td>已完成</td><td></td><td></td><td></td></tr>
<tr><td>2</td><td>×××</td><td></td><td>×××</td><td>4.16 ~ 4.30</td><td>进行中</td><td></td><td></td><td></td></tr>
<tr><td>...</td><td></td><td></td><td></td><td>......</td><td>......</td><td></td><td></td><td></td></tr>
<tr><td>8</td><td>项目总结与归档</td><td></td><td>×××</td><td>9.15 ~ 9.30</td><td>待启动</td><td></td><td></td><td></td></tr>
</table>

26. 团队成员状态报告表格模板

团队成员状态报告

项目名称：＿＿＿＿＿＿＿＿＿＿　　准备日期：＿＿＿＿＿＿＿＿＿＿

团队成员：＿＿＿＿＿＿＿＿＿＿　　角色：＿＿＿＿＿＿＿＿＿＿

当前报告阶段计划的活动：

1.	2.	3.	4.	5.

当前报告阶段已完成的活动：

1.	2.	3.	4.	5.

当前报告阶段已有的但未完成的活动：

1.	2.	3.

出现偏差的根本原因：

当前报告阶段所花费的资金：

当前报告阶段计划花费的资金：

出现偏差的根本原因：

在当前报告阶段识别的质量偏差：

计划的纠正或预防措施：

下一个报告阶段计划的活动：

1.	2.	3.

下一个报告阶段计划的成本：

识别的新风险：

问题：

其他：

27. 变更需求表格模板

变更需求

项目名称：＿＿＿＿＿＿＿＿＿＿　　准备日期：＿＿＿＿＿＿＿＿＿＿
团队成员：＿＿＿＿＿＿＿＿＿＿　　角色：＿＿＿＿＿＿＿＿＿＿

变更分类：
☐范围　　　☐质量　　　☐需求
☐成本　　　☐进度　　　☐文档

建议变更的详细描述：

建议变更的理由：

建议变更的影响：

范围	☐增加	☐减少	☐修正

描述：

质量	☐增加	☐减少	☐修正

描述：

需求	☐增加	☐减少	☐修正

描述：

成本	☐增加	☐减少	☐修正

描述：

项目文档：

其他：

处理	☐同意	☐搁置	☐拒绝

理由：

变更委员会的签署：

姓名	角色	签署

日期：＿＿＿＿＿＿＿＿＿＿

28. 项目变更确认函模板

<table>
<tr><td colspan="4" align="center">项目变更确认函</td></tr>
<tr><td>项目编号</td><td></td><td>项目名称</td><td></td></tr>
<tr><td>项目经理</td><td></td><td>项目类型</td><td></td></tr>
<tr><td>变更内容</td><td colspan="2" align="center">变更前 \ 后</td><td align="center">变更原因</td></tr>
<tr><td>日期</td><td colspan="2"></td><td></td></tr>
<tr><td>目标</td><td colspan="2"></td><td></td></tr>
<tr><td>项目经理</td><td colspan="2"></td><td></td></tr>
<tr><td>项目预算</td><td colspan="2"></td><td></td></tr>
<tr><td>项目终止</td><td colspan="2"></td><td></td></tr>
<tr><td>其他</td><td colspan="2"></td><td></td></tr>
<tr><td colspan="2">项目经理签字：
日期：</td><td colspan="2">立项人签字：
日期：</td></tr>
<tr><td>备注：</td><td colspan="3"></td></tr>
</table>

29. 团队规则与纪律表格模板

团队规则与纪律

项目名称：＿＿＿＿＿＿＿＿＿＿＿　　准备日期：＿＿＿＿＿＿＿＿＿＿＿

团队价值观和原则：

会议纪律：

沟通规则：

决策制定过程：

冲突管理办法：

其他协议：

签字：　　　　　　　　　　　　日期：

＿＿＿＿＿＿＿＿＿＿　　　　＿＿＿＿＿＿＿＿＿＿

＿＿＿＿＿＿＿＿＿＿　　　　＿＿＿＿＿＿＿＿＿＿

＿＿＿＿＿＿＿＿＿＿　　　　＿＿＿＿＿＿＿＿＿＿

＿＿＿＿＿＿＿＿＿＿　　　　＿＿＿＿＿＿＿＿＿＿

30. 团队绩效评估表格模板

团队绩效评估

项目名称：_____   准备日期：_____

技术绩效：

范围	□超出期望	□满足期望	□需要改进

说明：

质量	□超出期望	□满足期望	□需要改进

说明：

成本	□超出期望	□满足期望	□需要改进

说明：

进度	□超出期望	□满足期望	□需要改进

说明：

人际能力：

沟通	□超出期望	□满足期望	□需要改进

说明：

合作	□超出期望	□满足期望	□需要改进

说明：

冲突管理	□超出期望	□满足期望	□需要改进

说明：

决策制定	□超出期望	□满足期望	□需要改进

说明：

团队的道德观	□超出期望	□满足期望	□需要改进

说明：

开发领域：

领域	方法	措施

31. 团队成员绩效评估表格模板

团队成员绩效评估

项目名称：_____　　准备日期：_____

技术绩效：

范围	□超出期望	□满足期望	□需要改进

说明：

质量	□超出期望	□满足期望	□需要改进

说明：

成本	□超出期望	□满足期望	□需要改进

说明：

进度	□超出期望	□满足期望	□需要改进

说明：

人际能力：

沟通	□超出期望	□满足期望	□需要改进

说明：

合作	□超出期望	□满足期望	□需要改进

说明：

冲突管理	□超出期望	□满足期望	□需要改进

说明：

决策制定	□超出期望	□满足期望	□需要改进

说明：

优势：

劣势：

开发领域：

领域	方法	措施

其他说明：

项目监督控制表格模板

32.项目任务跟踪表模板

项目任务跟踪表					
任务名称	实际起止时间	跟踪日期 当前进度	实际工作量	实际工作成果	备注
费用类别	主要开支项、用途			金额	时间

33.项目进度汇报表模板

项目进度汇报表		
基本信息		
项目名称		报告日期
项目编号		报告批次　第 N 份
项目经理		项目所处阶段
项目进展状况	计划	实际情况
任务与进度		
工作成果		
费用		
人力资源		
软硬件资源		
问题与对策		

34. 项目风险记录表模板

项目风险记录表			
风险名称		风险识别人	
风险编号		风险识别日期	
风险描述			
风险严重性		风险系数	
风险可能性		风险处理人	
风险减缓措施			
跟踪记录	（1）记录何人在何时做了什么事情 （2）记录当前风险状态（正在处理，已经解决，不作处理）		

35. 项目绩效报告表格模板

项目绩效报告

项目名称：＿＿＿＿＿＿＿＿＿＿＿＿＿　　　准备日期：＿＿＿＿＿＿＿＿＿＿＿＿＿

项目经理：＿＿＿＿＿＿＿＿＿＿＿＿　　　发起人：＿＿＿＿＿＿＿＿＿＿＿＿＿

当前报告阶段计划的工作完成情况：

1.	2.	3.	4.	5.	

当前报告阶段计划的但没有完成的工作情况：

1.	2.	3.	4.	5.	6.

出现偏差的根本原因：

对即将完成的里程碑或项目到期日的影响：

计划的纠正或预防措施：

当前报告阶段已花费的资金：

出现偏差的根本原因：

对整个预算或应急资金的影响：

计划的纠正或预防措施：

下一个报告阶段计划的工作：

1.	2.	3.

下一个报告阶段计划的成本：

识别的新风险：

问题：

说明：

36. 偏差分析表格模板

偏差分析

项目名称：_____　　　准备日期：_____

进度偏差：

计划的结果	实际结果	偏差

根本原因：

计划的响应：

成本偏差：

计划的结果	实际结果	偏差

根本原因：

计划的响应：

质量偏差：

计划的结果	实际结果	偏差

根本原因：

计划的响应：

对即将完成的里程碑或项目到期日的影响：

计划的纠正或预防措施：

当前报告阶段已花费的资金：

出现偏差的根本原因：

对整个预算或应急资金的影响：

计划的纠正或预防措施：

下一个报告阶段计划的工作：

1.	2.	3.

下一个报告阶段计划的成本：

识别的新风险：

问题：

说明：

37. 项目偏差汇总表

记录日期	显著偏差描述	原因分析	纠正措施	结果

项目收尾阶段表格模板

38.项目结束确认函模板

<table>
<tr><td colspan="6" align="center">项目结束确认函</td></tr>
<tr><td>项目编号</td><td></td><td>项目名称</td><td colspan="3"></td></tr>
<tr><td>项目经理</td><td></td><td>项目类型</td><td colspan="3"></td></tr>
<tr><td>已达成目标</td><td colspan="5"></td></tr>
<tr><td>项目成功</td><td colspan="5"></td></tr>
<tr><td>启动日期</td><td></td><td>实际完成日期</td><td colspan="3"></td></tr>
<tr><td>项目成本</td><td></td><td>人力成本</td><td colspan="3"></td></tr>
<tr><td>项目归档确认</td><td>签字：</td><td>日期：</td><td colspan="3"></td></tr>
<tr><td>项目费用报销确认</td><td>签字：</td><td>日期：</td><td colspan="3"></td></tr>
<tr><td>项目经理签字：</td><td>日期：</td><td colspan="2">立项人签字：</td><td colspan="2">日期：</td></tr>
<tr><td rowspan="7">积分分配</td><td colspan="5">项目基准分：××分　　T：×分　　O：×分　　U：×分</td></tr>
<tr><td colspan="3" align="center">项目经理</td><td colspan="2" align="center">项目积分</td></tr>
<tr><td colspan="3"></td><td colspan="2"></td></tr>
<tr><td colspan="2" align="center">专家</td><td colspan="2" align="center">工作内容</td><td align="center">专家积分</td></tr>
<tr><td colspan="2"></td><td colspan="2"></td><td></td></tr>
<tr><td colspan="2" align="center">任务经理</td><td colspan="2" align="center">任务名称</td><td align="center">任务积分</td></tr>
<tr><td colspan="2"></td><td colspan="2"></td><td></td></tr>
</table>

39.项目归档清单表格模板

偏差分析

项目名称：＿＿＿＿＿＿＿＿＿＿　　　　　项目经理：＿＿＿＿＿＿＿＿＿＿

序号	名称	是否必备	数量
1	《项目单》	√	
2	《项目组人员需求单》	√	
3	《跨部门人员申请表》		
4	签字版《项目计划书》（含 CPS 表）	√	
5	项目启动会 PPT	√	
6	签字版《任务单》	√	
7	任务信物（含过程文件和定稿文件）	√	
8	《任务总结报告》	√	
9	《项目简报》	√	
10	项目例会 PPT 与会议纪要	√	
11	《项目变更确认函》	√	
12	会议纪要（除项目例会）		
13	重要活动书面记录		
14	项目成果	√	
15	项目总结报告	√	
16	项目总结会 PPT	√	
17	项目结束确认函【注：立项人评分后提交】	√	
18	项目相关费用清单	√	